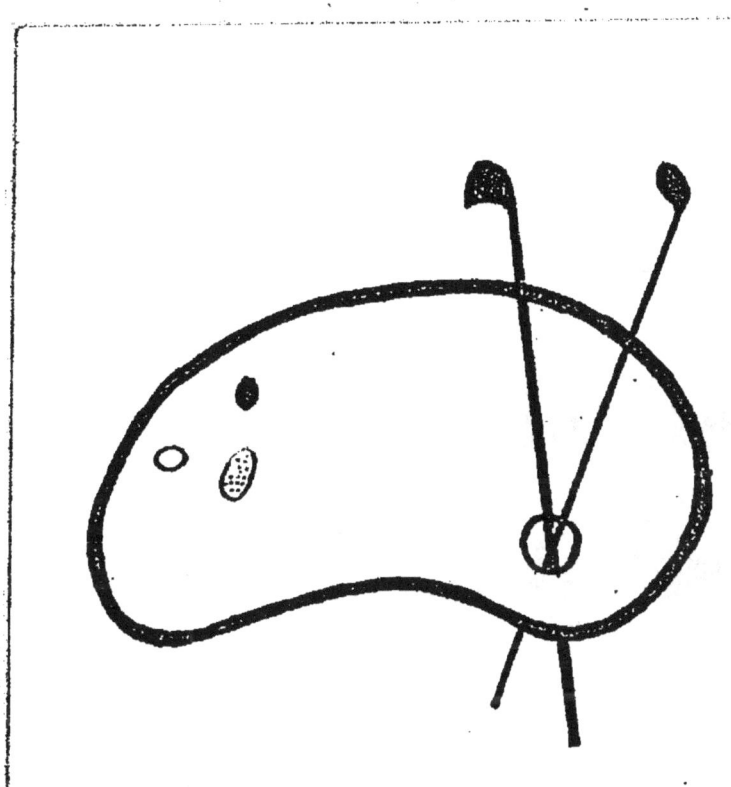

DEBUT D'UNE SERIE DE DOCUMENTS EN COULEUR

QUESTIONS THÉOLOGIQUES

J. PAQUIER
Docteur en médecine

Qu'est-ce que le Quiétisme ?

BLOUD et Cie
S. et R. 568-569

BLOUD & Cie, Edit., 7, place Saint-Sulpice, Paris (VIe)

Etudes de Philosophie et de Critique religieuse
SÉRIE IN-16

ALLO (Bernard), professeur à l'Université de Fribourg (Suisse).
— **Foi et Systèmes**. Prix.................... 3 fr. 50
Du même auteur. — **L'Evangile en face du Syncrétisme païen**. Prix........................... 3 fr. »
BRICOUT (J.). — **La Vérité du Catholicisme**. 1 vol. 3 fr. 50
BROGLIE (Abbé DE). — **Les Fondements intellectuels de la Foi chrétienne**. 1 vol., 3e édition............ 2 fr. 50
Du même auteur. — **Preuves psychologiques de l'existence de Dieu**. 1 vol., 2e édition................ 3 fr. »
GAYRAUD (Abbé), député du Finistère. — **La Crise de la Foi, ses Causes et ses Remèdes**. 3e édition........... 2 fr. »
GODARD (André). — **La Vérité religieuse**. 3e édit. 3 fr. »
GUIBERT (J.). — **Le Mouvement chrétien**. 4e édit. 3 fr. »
LA MENNAIS (F. DE). — **Essai d'un système de philosophie catholique**. Ouvrage inédit recueilli et publié d'après les manuscrits, avec introduction, notes et appendice, par C. MARÉCHAL, agrégé de philosophie. 1 vol. Prix. 3 fr. 50
LAPPARENT (A. DE), de l'*Académie des Sciences*. — **Science et Apologétique**. 10e édition................. 3 fr. »
LECLÈRE (A.), professeur à l'Université de Berne (Suisse). — **Pragmatisme, Modernisme, Protestantisme**. 1 vol. Prix...................................... 3 fr. 50
MAUMUS (Vincent). — **La Préparation à la Foi**. 2e édition. Prix...................................... 3 fr. »
NOUVELLE (A.). — **L'Authenticité du Quatrième Evangile et la thèse de M. Loisy**. 1 vol., 3e édition, revue et très augmentée. Prix............................. 2 fr. »
PACHEU (Jules). — **Positivisme et Mysticisme**. *Etude sur l'inquiétude religieuse contemporaine*............ 3 fr. 50
SERTILLANGES (A.-D.). — **Art et Apologétique**. 1 vol. Prix...................................... 3 fr. 50
THAMIRY (L.), professeur à la Faculté de Théologie de Lille. — **Les deux aspects de l'Immanence et le Problème religieux**. Préface de Mgr BAUNARD, recteur des Facultés Catholiques de Lille. 1 vol. grand in-16. Prix..... 4 fr. »

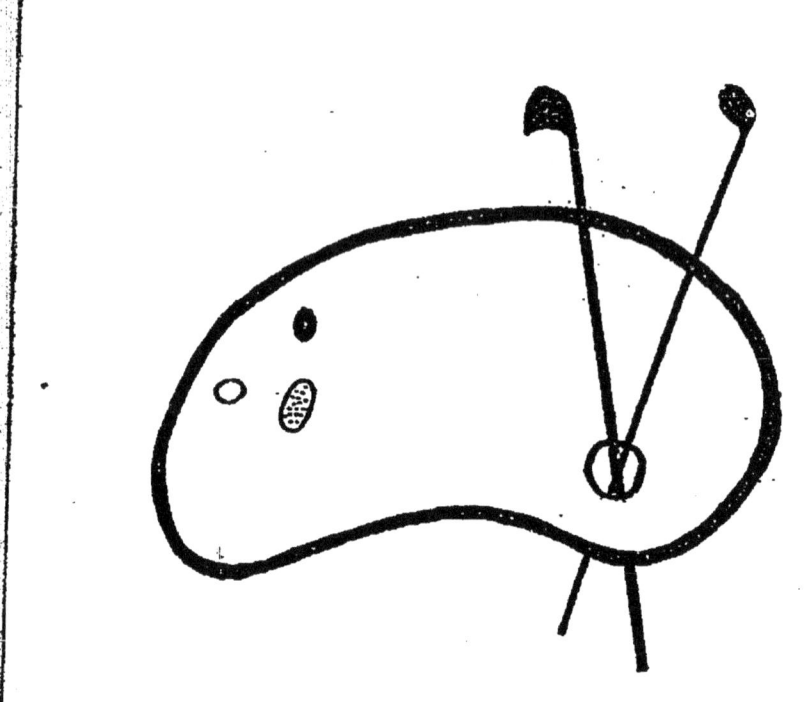

**FIN D'UNE SERIE DE DOCUMENTS
EN COULEUR**

Qu'est-ce que le Quiétisme ?

QUESTIONS DE THÉOLOGIE

Qu'est-ce que le Quiétisme ?

PAR

J. PAQUIER

Docteur ès lettres.

PARIS
LIBRAIRIE BLOUD & Cie
7, PLACE SAINT-SULPICE, 7
1 ET 3, RUE FÉROU — 6, RUE DU CANIVET
1910
Reproduction et traduction interdites

Nihil obstat :

Parisiis, die 12ᵉ martii 1910.

A. POULAIN.

IMPRIMATUR :

Parisiis, die 12ᵉ Martii 1910.

A. BAUDRILLART,
Rector Univ. cath., vic. gen.

PRÉFACE

Du 26 janvier au 6 avril dernier, j'ai fait à l'Institut Catholique de Paris une série de leçons sur le Quiétisme. J'espère pouvoir plus tard les publier en entier : mais divers motifs, et tout particulièrement l'extrême difficulté de se procurer les ouvrages ayant trait à cette matière, m'obligent à différer cette publication.

Pour aujourd'hui, je soumets au public l'exposé de ce que je crois être le fond du quiétisme. Tout naturellement il m'a fallu opposer au quiétisme la spiritualité et le mysticisme catholiques.

Le quiétisme a déjà été fort étudié. Mais dans ces études l'on s'est attaché presque uniquement au quiétisme français, à la lutte de Bossuet contre Mme Guyon et Fénelon. Et cette lutte, on l'a considérée surtout du côté historique. Ici, je remonte à Molinos, et même à ses prédécesseurs ; et chez eux, chez Mme Guyon et chez Fénelon, c'est surtout le côté doctrinal que je cherche à mettre en lumière. Sur ce point, l'on trouvera ici, je l'espère, quelques vues assez nouvelles.

Tout ce qui concerne la spiritualité, le mysticisme et leurs contrefaçons est très délicat à traiter. D'abord, il faut évidemment viser à ne rien dire contre le dogme et la morale ; or la subtilité des erreurs quiétistes, la grande et longue faveur dont certains d'entre eux ont joui dans l'Eglise montrent qu'ici déjà le danger est fort grand. En outre, l'on court risque de heurter les opinions de beaucoup de catholiques : « Je n'ose pas présumer, dit le P. Faber, que je ne rencontrerai pas un grand nombre de contradicteurs dans le cours d'un ouvrage aussi considérable, dont chaque phrase et souvent chaque fin de phrase est un jugement porté sur des matières touchant lesquelles tous les catholiques ont des opinions plus ou moins arrêtées (1). »

Pourtant, j'espère que les cœurs droits verront dans cet opuscule un travail consciencieux et de bonne foi, et que dès lors, ils seront indulgents pour les vues que l'on y propose à leur méditation.

Le présent opuscule contient, avec d'importantes additions, un article de la *Revue du Clergé français*, du 1ᵉʳ août 1909, sur le *quiétisme* en général ; et un article de la *Croix*, du 20 avril 1909, sur le *Quiétisme de Fénelon*.

Je suis heureux de remercier ici ceux qui m'ont guidé dans l'étude du mouvement quiétiste :

---

(1) P. W. FABER, *Progrès de l'âme dans la vie spirituelle*. (Traduction Bernhardt, 9ᵉ édition, Paris, Bray et Retaux, 1873.) Préface.

MM. Strowski, professeur à l'Université de Bordeaux, Morel-Fatio, professeur au collège de France, Lecharny, professeur de philosophie au collège Sainte-Barbe, MM. les abbés Lechevalier, Lévesque et Gaignet.

Je suis particulièrement reconnaissant au R. P. Poulain d'avoir bien voulu revoir ce modeste travail.

J. PAQUIER,
Docteur ès lettres et en théologie,
Docteur en philosophie
de l'Académie de Saint-Thomas d'Aquin.

Paris, le 17 octobre 1909.

LE QUIÉTISME

CHAPITRE PREMIER

Aperçu de la doctrine quiétiste. Molinos, Mme Guyon, Fénelon. — Causes de l'éclosion et du succès du quiétisme au XVIIe siècle.

Il s'est toujours trouvé des hommes portés à nier l'énergie individuelle, à nier l'individu lui-même, pour les absorber en Dieu ou dans l'ensemble des forces de l'univers.

C'est cette disposition qui est à la racine du quiétisme : il vient d'une tendance au repos, d'une tendance à s'exonérer de la lassitude de l'action. En ce sens, le quiétisme est une doctrine aussi vieille que l'humanité. Cette doctrine s'est fait jour tout particulièrement dans l'Inde, dans ce climat enchanteur, où il est admis comme un axiome que l'action est mauvaise, que l'existence est un mal, et que par conséquent il faut travailler à les détruire ; qu'il faut aspirer au Nirwâna, dont on ne sait rien, sinon qu'il est au terme d'aspirations vers le néant (1).

Toutefois, le mot de quiétisme ne remonte qu'au xviie siècle. C'est l'archevêque de Naples, Caraccioli, qui s'en est servi le premier dans une lettre à Innocent XI (30 janvier 1682) (2).

Dans cette lettre, Caraccioli visait les adeptes d'une nouvelle méthode de spiritualité qui, sous l'impulsion de Molinos, se répandait alors rapidement en Italie et même dans l'Europe entière.

Molinos était né à Muniesa, dans l'Aragon, en 1627, ou plus probablement en 1640. En 1665 ou 1669, il était parti pour Rome, et bientôt, il y avait acquis une très grande réputation comme directeur spirituel. Il s'était fait de nombreux amis dans les milieux laïques et religieux, et il avait notamment des relations avec plusieurs cardinaux. Cédant à des sollicitations pressantes, il avait écrit, puis laissé imprimer un petit résumé de sa doctrine, auquel il avait donné pour titre : *Guide spirituelle, qui dégage l'âme et la conduit par le chemin intérieur à l'acquisition de la contemplation parfaite, et du riche trésor de la paix intérieure* (3).

---

(1) Dans la Bhagavad-Gîtâ l'on trouve des pages qui ont des ressemblances étranges avec certains passages de Molinos et de Mme Guyon. Voir la *Bhagavad-Gîtâ (Le chant du Bienheureux)*, traduit du sanscrit par Emile Burnouf, 2e éd., 1895, surtout p. 41-46, 85-88, 88-93, 118-120 (chap. v, xii, xiii, xviii).

(2) Dans Bossuet, *Œuvres*, éd. Lachat, t. XVIII, p. 674.

(3) L'original était en italien. Voir H. Heppe, *Geschichte der quietischen Mystik in der katholischen Kirche*, Berlin, 1875, p. 113.

En 1688, il en parut une traduction française dans le *Recueil de*

Cet opuscule était précédé des approbations de l'archevêque de Reggio et de théologiens de renom : un franciscain, un carme déchaussé, un jésuite, un capucin ; trois d'entre eux étaient membres de l'inquisition romaine.

Quelque temps après, Innocent XI (1676-1689), plein d'admiration pour Molinos, lui donnait un appartement dans le Vatican (1). Ainsi la vie de Molinos et sa méthode spirituelle recevaient une sanction quasi-officielle. Dès lors, ce fut de l'enthousiasme pour cette spiritualité. Plusieurs prêtres vinrent à Rome pour s'initier à la nouvelle méthode de direction des âmes.

Le mouvement quiétiste se répandit tout particulièrement dans les monastères : les moines et les religieuses se livrèrent à l'oraison de quiétude à l'exclusion de tout autre exercice religieux (2).

Pourtant, peu à peu l'on découvrit les lacunes de la nouvelle spiritualité. Molinos fut dénoncé comme hérétique, arrêté, et finalement condamné à la rétractation et à la prison perpétuelle (28 août 1687).

Mais Molinos était loin d'être isolé. En 1688 et les années suivantes, de nombreux ouvrages furent condam-

---

diverses pièces concernant le quiétisme et les quiétistes, ou Molinos, ses sentiments et ses disciples. A Amsterdam, chez A. WOLFGANG et P. SAVOURET.

Dans nos citations de la *Guide spirituelle*, nous nous inspirons de cette traduction ; mais comme elle est souvent assez large, nous la corrigeons d'après l'original. Comme original, nous avons consulté l'édition de Venise, chez Gio. Giacomo Hertz, 1681.

(1) *Recueils de diverses pièces concernant le quiétisme*, p. 265.
(2) *Même recueil*, p. 315 et suiv.

nés comme quiétistes par la Congrégation de l'Index. Parmi eux se trouvait la *Règle de Perfection*, de Benoît de Canfield (1563-1611), publiée en 1609 (1), et trois ouvrages de Falconi (1596-1638), qui circulaient dans l'Eglise depuis plus d'un demi-siècle (2). Le mouvement quiétiste ne s'éteignit pas avec ces condamnations. Quelques années après, il reparaissait en France avec Mme Guyon et Fénelon. Et à côté de ces auteurs officiellement incriminés, une certaine tendance au quiétisme se rencontre alors chez un grand nombre d'autres : « Je ne puis m'empêcher de penser, dit le P. Faber, que dans les grands écrivains ascétiques français du xviie siècle, il existe un reflet presque imperceptible du quiétisme ; il apparaît çà et là dans leur système comme un éclair de chaleur dans les soirs d'été (3). »

Du reste ce n'est pas seulement dans le catholicisme que le quiétisme se produisit. Dans le monde protestant, il y eut alors des mouvements analogues : les quakers en Angleterre, les piétistes en Allemagne avaient de nombreux point de ressemblance avec les quiétistes des pays catholiques. Ce seront des protestants, Spener (1635-1705), Arnold (1668-1714), Poiret (1646-1719),

---

(1) Voir *Dictionary of national Biography*, article *Canfield* (Benedict).
(2) Voir J. HILGERS, S. J., *Der Index der verbotenen Bücher*, Fribourg-en-Brisgau, 1904, p. 433 et suiv.
(3) F. W. FABER, *Progrès de l'âme dans la vie spirituelle*, traduction, Bernhardt, 9e éd., Paris, Bray et Retaux 1873, p. 458.,

qui seront les plus ardents admirateurs de Molinos, de Mme Guyon et de Fénelon.

Dans tous ces auteurs, le quiétisme revêt des nuances multiples et quelquefois à peine perceptibles. Chez tous néanmoins l'on trouve à quelque degré les tendances qui se manifestent chez Molinos, le principal représentant de tout le mouvement.

Or, à l'aide de la *Guide spirituelle* de Molinos, de la bulle qui le condamna et de quelques autres renseignements contemporains, l'on peut grouper ses erreurs sous deux chefs principaux.

L'homme qui vise à la perfection doit tendre à l'anéantissement de son activité.

La seule activité de l'homme parfait consiste dans un état continuel d'union à Dieu par la contemplation et par l'amour.

Le premier groupe de ces erreurs concerne notre activité en général : l'homme qui tend à la perfection doit renoncer à tout ce qui semblerait activité propre pour que l'activité de Dieu puisse régner seule en lui. Molinos part de cette idée générale que toutes nos actions n'ont aucune valeur et qu'il faut laisser Dieu agir seul en nous. Il en arrive ainsi à l'anéantissement de notre être, à l'abandon du libre arbitre, et au dédain des impulsions de notre nature.

Dans les idées de Molinos, cette tendance à la quiétude, à l'annihilation de la volonté, est ce qui frappe le plus ; c'est de là que la secte a pris son nom.

Par cette annihilation, l'âme arrive à une paix où elle est inaccessible aux tempêtes : elle est mûre pour entrer dans l'état de contemplation ; c'est le second groupe des erreurs de Molinos. Ces erreurs regardent l'objet, ou, pour parler le langage des théologiens, la cause formelle de l'activité chez l'homme arrivé à la perfection : pour cet homme, toute la vie spirituelle se réduit à un état continuel de contemplation et d'amour de Dieu.

Le quiétiste ne veut s'attarder ni dans le dédale des actes de la raison, ni dans la forêt des actes de la volonté.

Annihilation de la nature pour que Dieu opère en nous, contemplation de Dieu : voilà des expressions qui, de prime abord, semblent de la plus belle spiritualité, du mysticisme le plus catholique.

Mais quand les auteurs catholiques qui traitent de la vie spirituelle parlent de mortifier la nature, ils n'entendent pas qu'elle doive être complètement détruite pour faire place à l'homme de la grâce. La nature, disent-ils, est un sauvageon : elle est perfectionnée, renforcée par la grâce et les dons extraordinaires de Dieu. Mais elle n'est pas un principe mauvais ; l'activité qu'elle fournit n'est donc pas foncièrement mauvaise ou viciée. Et s'ils parlent de destruction, c'est plutôt quand il s'agit du but que l'homme doit se proposer dans le développement de cette activité. A cette activité, bonne par elle-même, l'homme de la nature est porté à donner une fin égoïste. Il est porté à se replier sur lui-même, et par conséquent à se substituer à Dieu. La grâce nous aide à détruire ces préoccupations : elle élargit nos vues en leur donnant Dieu pour centre.

Ainsi la grâce perfectionne notre activité naturelle, et elle nous apprend à lui donner un but infini ; mais malgré des métaphores hardies, les auteurs catholiques ne partent jamais de l'idée que la nature ne sert en rien à Dieu pour bâtir l'édifice surnaturel.

Qu'on lise, par exemple, les *Exercices* de saint Ignace : nulle part on n'y voit qu'il faut anéantir la nature ; il faut seulement la corriger, la diriger, de manière à la rendre capable de recevoir la grâce et d'accomplir les œuvres de Dieu.

Même idée dans saint Jean de la Croix et dans sainte Térèse.

Dans la *Montée du Carmel,* saint Jean de la Croix parle de mortifier ses sens, son intelligence, sa mémoire, sa volonté, afin de s'élever vers Dieu et de s'abîmer en lui.

Mais il ne dit pas que depuis la faute d'Adam tout est corrompu en nous. Dans la longue énumération qu'il fait des biens naturels que Dieu nous a départis, il ne dit nulle part qu'il les considère comme devenus mauvais ; il nous dit simplement de ne pas nous y arrêter, mais de nous en servir pour nous élever vers Dieu (1).

De même, dans le *Château intérieur,* sainte Térèse ne suppose pas davantage que dans l'homme de la nature, tout soit mauvais. Au contraire, elle compare cet homme naturel au ver d'où sort le papillon : or, sans doute, le ver est moins beau que le papillon ; pourtant il en est le premier stade :

Hâtons-nous, dit-elle, de former le tissu de ce cocon mystérieux, en nous dépouillant de l'amour-propre, de la volonté propre, de tout attachement aux choses de la terre... en nous occupant à l'oraison, en pratiquant l'obéissance et toutes les autres vertus... Meure ensuite, meure notre ver à soie, comme l'autre, quand il a terminé l'ouvrage pour lequel il a été créé (2).

A plus forte raison les écoles catholiques de spiritualité et de mysticisme ne nous parlent-elles pas de renoncer à notre libre arbitre, de laisser agir à sa guise la partie inférieure de nous-mêmes, sous prétexte de permettre à la partie supérieure de communiquer plus facilement avec Dieu. Par la faveur de l'union mystique, l'âme, disent-ils, n'est nullement dispensée de la vie chrétienne ordinaire : comme les autres et même

---

(1) *Vie et œuvres de saint Jean de la Croix.* Paris, Oudin, 1903, t. II et III, *La Montée du Carmel.* Voir notamment, t. II, p. XLIV-XLV, préface du P. Chocarne ; p. 93 et suiv. (l. I, c. XIII) ; — t. III, p. 101 et suiv. (l. III, c. XX et suiv.)

(2) *Le Château intérieur : Œuvres,* Paris, Lecoffre ; traduction Marcel Bouix et Jules Peyré, t. III (1907), p. 344.

plus que les autres, le mystique doit pratiquer les diverses vertus : vertus cardinales et théologales ; c'est par toute son activité consciente, par toute l'activité à laquelle peut commander sa raison que le mystique doit aller vers Dieu.

Sainte Térèse parle constamment des œuvres qui doivent suivre l'union mystique (1). Même dans les *septièmes demeures,* l'on se tromperait fort, dit-elle, de croire l'âme si absorbée qu'elle ne puisse s'occuper de rien (2).

Les idées de Molinos sur la contemplation ne sont pas davantage celles des mystiques catholiques. Entre les unes et les autres, je trouve deux différences capitales : la première, sur la fréquence et la durée de la contemplation ; la seconde, sur son objet.

Tous les mystiques catholiques ont un point de commun avec Molinos et les quiétistes : c'est que l'âme peut entrer en relations intimes avec Dieu ; ces relations intimes, ils les appellent union mystique, mais souvent aussi contemplation. Dans cette contemplation, les uns, il est vrai, disent que l'âme ne voit pas immédiatement Dieu lui-même ; selon eux, elle ne voit même pas d'une manière directe que c'est l'action de Dieu qu'elle ressent :

---

(1) Par exemple, *Le château intérieur,* II, 1 ; v, 3 ; vII, 3. *Œuvres,* t. III, pp. 285, 354 et suiv., 472 et suiv.
(2) *Même ouvrage,* vII, t. III, 1, p. 461.

mais tous du moins disent qu'alors l'âme est d'une manière intime sous l'influence de Dieu (1).

Par contre, tous ces mystiques s'entendent aussi pour affirmer que la méditation est la voie ordinaire par laquelle l'homme doit aller à Dieu : c'est par le sensible, par les considérations et les raisonnements qu'en général l'homme est appelé à monter vers Dieu. Sans doute, à force de méditer sur un objet, la bonté de Dieu par exemple ou la Passion de Jésus-Christ, nous arrivons à une oraison de simplicité, où nous faisons peu ou point de raisonnements. C'est une contemplation acquise. Mais ce n'est que d'une manière très lointaine que l'on peut donner à cette oraison le nom de contemplation. On l'appellerait mieux une *préoccupation permanente*, semblable à la préoccupation de la mère qui pense à son enfant. La vraie union mystique, ou contemplation, qui fait abstraction des créatures et des raisonnements pour communiquer directement avec Dieu, ne peut être qu'une exception : elle est une faveur de Dieu, réservée à un petit nombre, et, même pour ces pri-

---

(1) Aujourd'hui, il y a des discussions très vives à ce sujet entre le P. Poulain et l'abbé Saudreau. Le P. Poulain dit que dans l'union mystique, l'âme voit directement l'action de Dieu en elle, et quelquefois Dieu lui-même. L'abbé Saudreau, au contraire, dit que l'âme sent simplement qu'elle est sous une influence extraordinaire : c'est par un raisonnement, rapide sans doute mais réel, qu'elle conclut à une influence divine. Voir A. SAUDREAU, *Les faits extraordinaires de la vie spirituelle*, Paris, 1908, p. 101 et suiv.; et la réponse du P. POULAIN dans la *Revue du Clergé français*, t. LIV, 1908, p. 699-707. Voir aussi t. LV, 1908, p. 489-496, un article de M. l'abbé Saudreau. Si intéressante que soit cette question, je n'ai pas à m'en occuper ici.

vilégiés, elle ne constitue pas un état, quelque chose d'habituel.

Prenons, par exemple, saint Bernard.

Saint Bernard a longuement parlé de l'union mystique de l'âme avec Dieu : il en a parlé en grande partie, semble-t-il, d'après ses expériences personnelles, et il l'a fait avec une hardiesse d'expressions que peut seule se permettre une âme morte à la terre et toute à Dieu. Entre l'âme et le Verbe, dit-il, dans l'union mystique tout devient commun, ainsi qu'entre époux : la maison, la table, la chambre et le lit. La chambre de l'époux, c'est la retraite mystérieuse où l'âme, recueillie et soustraite au tumulte des sens, tantôt s'abandonne à ses transports et tantôt se repose doucement sous le regard du Bien-Aimé.

Dans cette chambre, l'âme s'endort paisiblement. Mais ce n'est là qu'un sommeil apparent. L'âme vit et veille encore. Parfois, alors, elle est ravie à elle-même : c'est l'extase. Dans un éclair rapide, elle aperçoit la Divinité ; mais c'est à peine si elle a pu saisir l'objet immatériel qui lui est apparu ; elle retombe aussitôt dans les images qui lui dérobent l'essence même de la beauté éternelle.

Dans l'extase l'âme n'est plus sujette à la tentation et au péché. Tout est pur et spirituel dans sa vie comme dans son amour.

Mais cette extase est une faveur octroyée par Dieu ; elle n'est que passagère ; et c'est uniquement pendant qu'elle dure que saint Bernard accorde à l'âme l'immunité du péché. Enfin, ce que dans sa modestie saint Bernard ne dit pas expressément, c'est qu'elle n'est que pour quelques privilégiés (1).

Les descriptions des mystiques du xvie siècle ressemblent à celles de saint Bernard.

Il n'est pas en notre pouvoir, dit sainte Térèse, de nous élever de nous-mêmes à l'union, et tous nos efforts sont vains, jusqu'à ce qu'il plaise à Dieu de nous accorder de nouveau cette grâce (2).

Cette union mystique est toujours de courte durée (3).

O merveille de la puissance divine, quelle n'est pas la beauté d'une âme qui, durant un court espace de temps, a été si étroitement unie à Dieu, et plongée dans sa grandeur ! Ce temps, à mon avis, ne va jamais jusqu'à une demi-heure (4).

Dans ce passage, il est vrai, sainte Térèse parle d'une union mystique inférieure à l'extase. Celle-ci peut durer plus longtemps ; la vie de quelques saints n'a été, pour ainsi dire, qu'une suite d'extases. Toutefois, ces extases prolongées n'étaient pas une absorption

---

(1) *Dictionnaire de théologie*, Vacant-Mangenot, article *Saint Bernard*, Vacandard, col. 779-680.
(2) *Le Château intérieur*, v, 2, traduction Bouix-Peyré, t. III, p. 346.
(3) *Ibid.*, v, 1, traduction Bouix-Peyré, III, 337.
(4) *Ibid.*, v, 2, traduction Bouix-Peyré, III, 341. Voir aussi la *Montée du Carmel*, par ex. 1. II, c. xiii ; édit. cit., t. II, p. 189 et suiv.

complète et permanente de l'âme en Dieu ; elles n'étaient pas sans distractions, et il faut répéter qu'elles étaient un don de Dieu, une série de dons de Dieu, auquel celui qui en était l'objet n'avait pas droit comme à un état normal, à un état surnaturel habituel qu'il aurait acquis par une discipline appropriée.

Ainsi, pour les auteurs catholiques, la spiritualité ordinaire se distingue de l'union mystique : la spiritualité ordinaire, accessible à tous, comprend l'ascétisme et la méditation ; l'union mystique, privilège d'un petit nombre, comprend la contemplation, et souvent d'autres dons extraordinaires. De plus, même pour ces privilégiés, cette union n'est pas permanente.

Molinos, au contraire, unifie, absorbe toute la vie chrétienne dans un *état* de contemplation. Pour lui, il y a deux voies pour l'homme qui veut aller à Dieu : la voie des créatures, c'est-à-dire du sensible et du raisonnement : c'est la voie longue et imparfaite ; la voie de l'invisible, de l'intuition : c'est la voie courte et parfaite, la plus convenable à la nature humaine. Il faut donc lever les obstacles qui obstruent la route à cette contemplation parfaite (1).

Aussi l'union mystique ou contemplation n'est plus un privilège extraordinaire, qui dépend uniquement du bon plaisir de Dieu : pour Molinos, il y a une nouvelle espèce d'union mystique ou contemplation : un état de

---

(1) *Guide spirituelle,* préface de Molinos, p. 6 ; introduction, n. 3, 4.

contemplation acquise, où la grâce nous donnera toujours d'atteindre si nous voulons nous y employer, et où il est bon que tous, nous cherchions à atteindre (2).

Puis, quand on est arrivé à cette contemplation, on y reste. Un chrétien, même en dormant, est toujours baptisé; ainsi « l'âme intérieure, qui a résolu une bonne fois de croire que Dieu est en elle, et de ne vouloir ni de ne rien faire que par Dieu, doit se contenter de cette foi et de cette intention (1). »

L'ancienne doctrine, sans doute, ne condamnerait pas l'expression d'union permanente avec Dieu ; mais pour elle cette expression ne pourrait signifier qu'une *propension à produire des actes* qui nous unissent à Dieu. Pour le quiétiste, au contraire, l'union avec Dieu ne se compose pas d'actes successifs, réitérés : c'est un état. Une fois que l'on a atteint cet état, l'on y demeure de plein droit, par ce que l'on peut appeler le fonctionnement normal des lois de l'ordre surnaturel : pour ne pas déchoir, il suffit de ne pas faire d'acte positif en sens opposé.

Et quel est l'objet de cette contemplation continuelle ? Pour les mystiques orthodoxes, ce doit être non seulement Dieu, mais tout ce qui appartient à la vraie religion, et tout particulièrement l'humanité de Jésus-Christ. Les mystiques allemands du XIVe siècle

---

(1) *Ibid.*, introduction, n. 20.
(2) *Ibid.*, I, n. 105-106. Voir aussi I, n. 85-86, 100 et suiv. Propos. 25 Innoc. XI.

ont chanté en termes poétiques le Grand Intercesseur, notre modèle (1). Dans sa *Vie,* sainte Térèse parle longuement contre ceux qui, sous prétexte d'oraison, voudraient s'écarter du culte de l'humanité de Jésus-Christ : « Nous ne sommes pas des anges, dit-elle, nous avons un corps. Vouloir faire de nous des anges..., c'est absurde (2). » De même, au XVIᵉ siècle, les *Exercices* de saint Ignace sont tout pleins de Jésus-Christ ; au XVIIᵉ, les œuvres du cardinal de Bérulle et de M. Olier, toutes pleines du sacerdoce de Jésus-Christ.

Au contraire, l'objet de la contemplation du quiétiste, c'est Dieu seul. « La contemplation, simple, pure, infuse et parfaite, dit Molinos, est une manifestation expérimentale et intime que Dieu nous fait de lui-même, de sa bonté, de sa paix et de sa douceur ; l'objet en est Dieu, pur, ineffable, abstrait de toutes les pensées particulières, dans le silence intérieur ; mais c'est Dieu délicieux, Dieu nous attirant et nous élevant doucement à lui, d'une manière spirituelle et très pure (3). »

Dès lors, le quiétiste abandonnera le culte et les pratiques extérieures ; il ne s'occupera même plus de

---

(1) H. S. Denifle, *Das geistliche Leben ; Blumenlese aus den deutschen Mystikern und Gottesfreunden des* 14. *Jahrhunderts,* Graz, 5ᵉ édition, 1904, l. II, partie I, c. I, p. 167 : *Christus unser Vorbild.*
(2) *Œuvres complètes,* traduction nouvelle, par les carmélites du premier monastère de Paris, avec la collaboration de Mgr Polit, Paris, Retaux, maintenant Beauchesne, 1907, t. I, p. 280, (*Vie,* c. XXII.) Voir aussi saint Jean de la Croix, *Montée du Carmel,* l. III, c. I,) édition Oudin, 1903, t. III, p. 13-14.
(3) *Guide spirituelle,* III, n. 129.

l'humanité de Jésus-Christ, sinon par une vue générale : cette humanité est un moyen pour arriver à Dieu ; Dieu une fois acquis, possédé par la contemplation, le moyen cessera de lui être utile, et il n'aura qu'à le négliger. C'est ce que Malaval, le quiétiste de Marseille, disait sans ambages : « Celui qui est arrivé en quelque lieu de repos, où il rencontre le terme de son voyage et de ses désirs, ne songe plus avec attention par quel chemin il a été obligé de passer, fût-il un chemin pavé de marbre et de porphyre... Que s'il pense quelquefois au chemin, c'est pour s'en souvenir et ne pas y retourner (1). »

Dans la suite, il dit encore plus expressément: « Jésus-Christ est la voie, passons par lui. Jésus-Christ est la vie, vivons en lui. Mais aussi celui qui passe toujours et qui chemine toujours n'arrive jamais au sein et au centre de la vie (2). »

*
* *

Dans sa querelle avec Mme Guyon et Fénelon, Bossuet a toujours travaillé à montrer en eux les héritiers de Malaval et de Molinos. C'est en particulier le but de son ouvrage *Quietismus redivivus (Le Quiétisme ressuscité)*, et de sa *Relation sur le Quiétisme* (3).

---

(1) *Pratique facile pour élever l'âme à la contemplation, en forme de dialogue*, Paris, Estienne Michalet, 1673, p. 48.
(2) *Même ouvrage*, p. 245.
(3) *Œuvres*, t. XX, p. 1 et suiv.

Au contraire Mme Guyon et Fénelon se sont toujours élevés contre ce rapprochement avec indignation.

Dans un acte que Bossuet fit signer à Mme Guyon, elle dit : « Je déclare que je n'ai jamais eu aucun commerce avec Molinos, ni avec aucun qui en ait eu avec lui ; que je ne me souviens pas d'avoir lu le livre de Malaval ; que je n'ai jamais lu le livre intitulé *Analysis* (1) qui est en latin, ni celui de Molinos, que longtemps après avoir écrit mes deux petits livres, et en passant (2) ».

Fénelon, lui aussi, rejetait « la doctrine abominable (3) » et « les horreurs du Quiétisme » (4). Dans des notes en vue de sa *Réponse à la Relation sur le Quiétisme*, il écrit : « Il est dit ici que j'ai posé tous les principes de Molinos. Pour moi, je prétends les avoir tous détruits (5). »

Finalement pour mettre d'accord Bossuet et Fénelon, l'on a donné aux idées de Mme Guyon et de Fénelon le nom de semi-quiétisme (6).

---

(1) Ouvrage du P. Lacombe, *Orationis mentalis analysis deque variis ejusdem speciebus judicium, ex divini Verbi Sanctorumve Patrum sententiis concinnatum ;* per patrem Don Franciscum La Combe Tononensem, presbyterum, professum Congregationis Clericorum Regularium S. Pauli (Vercellis, 1686, sup. permissu) ; un vol. in-16 de 138 pages.
(2) Dans Bossuet, *Œuvres*, t. XXIII, p. 655 (1er juillet 1695). Voir aussi Mme Guillon, *Œuvres* (Paris, libraires associés, 1789-1791), t. XXIII, (*Courte Apologie...*) p. 109-110, etc. (Sur cette édition voir Maurice Masson, *Fénelon et Mme Guyon*, 1907, p. V.)
(3) Fénelon à Innocent XII, 27 avril 1697 (*Œuvres*, t. IX p. 142).
(4) Fénelon à Chanterac, 2 sept. 1697 (*Œuvres*, t. IX, p. 198).
(5) Fénelon, *Réponse inédite à Bossuet* (Paris 1901, in-12), p. 4. Voir aussi p. 9.
(6) Cette expression fut employée dès le xviie siècle. Voir *Histoire de Fénelon*, par Bausset. Nouvelle édition, par l'éditeur des œuvres de Fénelon (Gosselin), (Paris, 1850), t. II, p. 473.

Eh bien, c'était plutôt Bossuet qui avait raison. Sans doute Mme Guyon ni Fénelon n'allèrent jamais jusqu'aux conclusions immorales que l'on peut tirer de la doctrine quiétiste, et que plusieurs disciples de Molinos, plutôt peut-être que le maître lui-même, avaient traduites dans la pratique de leur vie.

Mais dans les points essentiels, les deux théories sont identiques.

Pour Mme Guyon, toute la vie spirituelle se résume dans la docilité à suivre l'*impulsion* intérieure qu'elle sent qui vient de Dieu. Or, dans cette docilité l'on trouve à la fois l'anéantissement absolu ou désappropriation, et l'union continuelle avec Dieu par la contemplation et par l'amour. C'est ce qui ressort fort clairement de maint passage des *Torrents spirituels*. Par l'oraison, dit-elle, « cette vie divine devient toute naturelle à l'âme. Comme l'âme ne se sent plus, ne se voit plus, ne se connaît plus, elle ne voit rien de Dieu, n'en comprend rien, n'en distingue rien. Il n'y a plus d'amour, de lumières, ni de connaissances. Dieu ne lui paraît plus, comme autrefois, quelque chose de distinct d'elle ; mais elle ne sait rien, sinon que Dieu est, et qu'elle n'est plus, ne subsiste plus, ne vit plus qu'en lui. Ici l'oraison est l'action, et l'action est l'oraison : tout est égal, tout est indifférent à cette âme ; car tout lui est également Dieu. »

« Autrefois, il fallait pratiquer la vertu pour faire les œuvres vertueuses. Ici, toute distinction d'action est ôtée, les actions n'ayant plus de vertus propres, mais tout étant

Dieu à cette âme, l'action la plus basse comme la plus relevée, pourvu qu'elle soit dans l'ordre de Dieu et dans le mouvement divin... »

« Elle se laisse aller à tout ce qui l'entraîne, sans se mettre en peine de rien, sans rien penser, vouloir ou choisir, mais demeure contente, sans soin, ni souci d'elle, n'y pensant plus, ne distinguant plus son intérieur pour en parler. L'âme n'en a plus... »

« Aussi cette âme ne se met pas en peine de chercher ni de rien faire. Elle demeure comme elle est et cela suffit. Mais que fait-elle? Rien, rien et toujours rien. Elle fait tout ce qu'on lui fait faire. Elle souffre tout ce qu'on lui fait souffrir. Sa paix est tout inaltérable, mais toute naturelle. Elle est comme passée en nature. Mais quelle différence de cette âme à une personne toute dans l'humain? La différence est que c'est Dieu qui la fait agir, sans qu'elle le sache, et auparavant, c'était la nature qui agissait. Elle ne fait ni bien, ni mal, ce semble; mais elle vit, contente, paisible, faisant d'une manière agile et inébranlable ce qu'on lui fait faire (1). »

Aussi Mme Guyon pouvait écrire à Fénelon : « Je ne connais plus ni péché, ni justice (2). »

Fénelon laisse volontiers dans l'ombre ce qui regarde la suppression de notre activité et de la pratique des

---

(1) *Les Torrents spirituels. Œuvres*, t. XXII, p. 231-233. Partie I, ch. IX, n. 6, 7, 8.
(2) Maurice MASSON, *Fénelon et Mme Guyon* (1907), p. 132 (7 mai 1689).

vertus. Mais il dit que pour le parfait, il est possible et meilleur de parvenir à un désintéressement complet, de renoncer à l'espérance, c'est-à-dire de renoncer à la jouissance, au développement normal de notre activité dans son degré le plus élevé : dans l'acte d'amour de Dieu, l'homme faisait bien de renoncer à tout *intérêt propre*.

Dans l'union de l'homme avec Dieu, Malaval et Molinos avaient plutôt envisagé la contemplation, œuvre de l'intelligence. Fénelon y considéra surtout le sentiment, effet de cette contemplation : il parla de l'*état* d'amour de Dieu.

L'on peut donc ramener à deux points principaux ce qui lui appartient en propre :

1° Le désintéressement de l'amour pur peut aller jusqu'au renoncement *absolu* à son salut éternel : c'est le point le plus connu, le plus populaire du quiétisme de Fénelon ;

2° Il est bon de tendre à un *état* d'amour pur.

Mais, sous une autre forme, ce sont là les deux tendances fondamentales de la théorie de Molinos.

Ainsi, à la conception catholique de la vie surnaturelle et de la vie mystique, Molinos, Mme Guyon et Fénelon en ont substitué une nouvelle : ils ne s'occupent pas du corps et des choses extérieures ; ils méprisent tout ce qui s'appelle raisonnement et, plus généralement, ce qui a quelque attache avec la nature humaine. L'homme parfait vivra dans un état continuel de contemplation et d'amour de Dieu.

Voilà donc à la fois la dislocation et une étrange simplification introduite dans la vie de l'homme. Dislocation : l'homme laisse de côté son corps ; il ne s'occupe plus que de son âme, et dans son âme, il ne garde rien des opérations qui semblent l'arrêter à elle-même et à la terre. Il met l'activité humaine d'un côté, et la vie religieuse de l'autre. Simplification : toute la vie religieuse de l'homme parfait se réduit à un état d'union à Dieu, état où l'homme est même plutôt passif qu'actif, où il se borne à recevoir les influences divines.

L'écart entre la théorie quiétiste et les théories catholiques de spiritualité et de mysticisme devient plus manifeste encore lorsque l'on remonte aux causes qui ont amené le quiétisme.

.°.

Le quiétisme du xviie siècle est une théorie nouvelle de spiritualité et de mysticisme. Par ailleurs, il a été loin d'être un mouvement isolé, une idée sortie fortuitement de quelque imagination exaltée : il est presque partout dans la spiritualité de cette époque. Dès lors, il a dû exister des causes de l'éclosion et du succès de ce mouvement, causes générales comme le mouvement lui-même : si le quiétisme s'était produit sans rien qui l'appelât, il serait une monstruosité historique.

Pour expliquer le succès du quiétisme, beaucoup d'écrivains, particulièrement parmi les protestants, ont mis en avant le besoin de réagir contre une religion tombée dans le formalisme d'un culte purement extérieur. Mais la tendance au formalisme est de toutes les époques. Et l'on ne voit pas qu'au XVIIe siècle cette tendance ait été particulièrement accentuée : il y a peu de siècles au contraire qui aient été plus occupés de ce qui regarde l'âme.

L'on a rappelé aussi les préoccupations religieuses qui se manifestèrent de plus en plus vives vers la fin du règne de Louis XIV. Mais ces préoccupations religieuses peuvent expliquer pourquoi l'on accorda tant d'attention au quiétisme : elles ne sauraient nous dire pourquoi la religion eut alors une tendance à se modifier pour devenir quiétiste. Louis IX lui aussi, et plus que Louis XIV, était religieux, et il n'était pas quiétiste.

Sentant bien la faiblesse de ces raisons, les écrivains protestants ou rationalistes finissent par dire : Le quiétisme n'était que le mysticisme de l'âge précédent. l'Eglise a mis sur les autels Pierre d'Alcantara, Jean de la Croix, Térèse de Jésus, François de Sales et Jeanne de Chantal. En condamnant ensuite Molinos, il est « clair comme le jour » qu'elle s'est contredite (1).

---

(1) H. Heppe, *ouv. cité*, p. v. Voir aussi p. 19, 58, etc. Cet écrivain, il est vrai, est fort superficiel ; mais l'on trouve la même assertion dans Jurieu, *Traité historique contenant le jugement d'un protestant sur la théologie mystique*, 1699, p. 141-144 ; et dans Scharling l'auteur qui, jusqu'ici, a le mieux étudié Molinos. C. E. SCHARLING,

Non, le quiétisme apportait quelque chose de nouveau ; mais ce n'est pas dans les raisons superficielles données par les écrivains protestants ou rationalistes, c'est ailleurs qu'il faut chercher les causes de son éclosion et de son succès. Le quiétisme répond aux deux tendances intellectuelles qui caractérisent le xviie siècle : la tendance à croire à la corruption intégrale de la nature humaine depuis la chute originelle; la tendance à simplifier la vie de l'âme. La première de ces tendances est surtout protestante et janséniste ; la seconde touche aussi au protestantisme et au jansénisme, mais elle se montre surtout dans la philosophie et elle trouve son épanouissement dans la théorie de la vision en Dieu, de Malebranche (1).

Michael de Molinos, traduit du danois dans *Zeitschrift für historische Theologie*, 1854, p. 347, 551, note. Voir aussi H. Delacroix, *Etude d'histoire et de psychologie du mysticisme*, 1908, p. 236, et passim (ouvrage panthéiste).

(1) Ici, je marche sur un terrain presque tout nouveau. Pour la ressemblance entre la théorie quiétiste et celle de la corruption intégrale de notre nature, l'on trouve çà et là quelques indications. [Nicole], *Réfutation des principales erreurs des quiétistes*, Paris, 1695, p. 74-149 ; Aug. Poulain, S. J., *Des grâces d'oraison*, 6e éd., Paris, 1909, p. 518. Mais personne, que je sache, n'a jamais songé à cette comparaison entre la contemplation quiétiste et les théories philosophiques du xviie siècle.

Dans les études que des prêtres ont faites sur le mouvement quiétiste, c'est surtout sur le côté historique qu'eux-mêmes ils ont porté leur attention ; ils ont considéré beaucoup moins le point de vue théologique et philosophique. Pourquoi ? Peut-être, parce qu'avec la philosophie et la théologie en honneur dans le clergé avant la résurrection du thomisme, il était à peu près impossible de bien voir les défauts du quiétisme : cette philosophie et cette théologie gardaient les deux tendances qui sont au fond du quiétisme. Pour les laïques catholiques, qui ignorent toujours plus ou moins la théologie, qui du reste prennent pour le dogme de l'Eglise les idées de Pascal ou de Bossuet sur les conséquences de la chute originelle, ils pouvaient moins encore voir en quoi le quiétisme était une déviation et d'où venait cette déviation. Plus ou moins consciemment les écrivains catholiques, prêtres et laïques, se disaient donc avec les protestants et les rationalistes : « Pourquoi l'Eglise a-t-elle condamné ce mouvement ? Il semble pourtant assez en harmonie avec toutes nos idées sur la nature de l'homme et sur les relations de l'homme avec Dieu. » C'est là en particulier, la conclusion à peine voilée de Gosselin, dans son *Histoire littéraire de Fénelon*, Paris, 1851, t. I, p. 177-254, passim.

Il y a sans doute beaucoup d'audace et même de témérité à vouloir tenter une explication nouvelle d'un mouvement si étudié. Mais si au point de vue métaphysique la vérité seule a des droits, au point de vue psychologique la témérité dans les hypothèses est éminemment créatrice ; elle fraie des voies nouvelles qui pourront conduire à la découverte de la vérité.

Comme j'achevais de préparer mes leçons sur le quiétisme, M. Rivière commençait dans les *Annales de philosophie chrétienne* une série d'articles dont l'idée générale est un essai de rapprochement entre le quiétisme de Fénelon et ses théories philosophiques. J. Rivière, *La Théodicée de Fénelon : ses éléments quiétistes*, novembre 1908-mars 1909 ; surtout le dernier article, mars 1909. A peu près en même temps, je dirais presque dans les mêmes jours, M. Rivière et moi nous avons donc eu une idée semblable. Mais ceux qui prendront la peine de comparer les deux études verront que, dans le détail, elles n'ont censément aucune ressemblance.

CHAPITRE II

Principe fondamental du quiétisme :
la corruption intégrale de la nature déchue.

Depuis l'origine du christianisme, l'on a exposé de plusieurs manières les conséquences de la chute originelle. J'en trouve deux principales : celle qui estime que la chute originelle ne nous a enlevé que des dons surnaturels, c'est-à-dire de surérogation ; une autre, au contraire, qui dans l'homme tel qu'il naît aujourd'hui voit un dégénéré, dont la condition ne peut s'expliquer que par une chute mystérieuse (1).

Les écoles de théologie dominicaine, franciscaine, carme et jésuite s'entendent, à quelques détails près, sur un point fondamental : la chute originelle ne nous a enlevé que des dons surnaturels, autrement dit gratuits (2). Pour qu'un homme soit un homme, il suffit

---

(1) J. PAQUIER, *Le jansénisme ; leçons données à l'Institut Catholique de Paris*, nov. 1908-janv. 1908, couronné par l'Académie française. Paris, 1909, 6ᵉ leçon, p. 239-289. Il est nécessaire de se reporter à ces pages avant de porter un jugement sur ce qui est dit ici.

(2) « J'ai emprunté ce que vous venez d'entendre aux plus éminents théologiens des trois grandes écoles thomiste, scotiste et jésuite. »- Montsabré, *28ᵉ conférence de Notre-Dame*, 1877, p. 188. — Nous ne pouvons évidemment pas entrer ici dans le détail des nuances qui séparent les théologiens partisans de cette théorie. Pour saint Tho-

qu'il ait un corps et une âme, des organes et une intelligence. A l'origine sans doute, Dieu avait donné davantage à l'homme : il l'avait entouré d'une protection spéciale ; il l'avait établi dans un état d'innocence et d'intégrité. Cet état privilégié, Adam l'a perdu, pour lui et pour sa postérité. Dès lors, l'humanité s'est trouvée dans un état d'appauvrissement, de faiblesse, de privation par rapport à la vie surnaturelle qu'elle avait d'abord possédée, mais non dans un état de perversité intégrale ou de maladie chronique par rapport à sa vie naturelle, à ses éléments constitutifs. Car, dans ce nouvel état, l'homme a encore une tendance à vivre en homme, à vivre de la vie du corps et de la vie de l'âme. Dans ses actes, l'on ne constate aucune faiblesse, aucune dislocation assez grande pour nous obliger à y reconnaître une déchéance, une déformation, suite de la chute primordiale. Du reste, l'existence de cette dislocation et par là même la constatation de notre déchéance par la seule vue de nos misères n'est nullement imposée par l'Eglise : au contraire elle tient plutôt cette théorie en suspicion ; elle la réprouve quand elle est exposée dans toute sa rigueur par Luther ou Jansénius, et, contre Baius, elle dit qu'à l'origine Dieu aurait pu créer l'homme dans l'état où il naît aujourd'hui (1).

mas, outre la conférence de Monsabré déjà citée, Carême, 1877, p. 167 et suiv., 378 et suiv., l'on peut voir *Summa theol.*, I^e, q. XCV, a. 1, o ; I^a II^æ, q. LXXXII, a, 3, o ; C. R. Billuart, *De gratia*, dissertatio II, præambula, art. 2 et 3 ; *De peccatis*, diss. VI, art. 5.
(1) H. Denzinger — C. Bannwart, *Enchiridion*, 10e édit., p. 334 n. 1055, 55e proposition.

Pour bien comprendre cette théorie, il faut se rappeler la nature du péché.

Un péché grave est « la privation de la grâce sanctifiante. » Dans tout péché de ce genre, il y a cet état de privation, et une relation entre cet état et un acte précédemment commis.

Dans les péchés actuels, c'est-à-dire dans ceux que nous commettons nous-mêmes, c'est avec un acte commis par nous que cet état est en relation : c'est pourquoi il nous est imputé à faute.

Dans le péché originel, c'est avec un acte commis par un autre, à savoir par le premier homme, que cette relation existe : aussi le péché originel ne nous est pas imputé à faute personnelle ; pour nous, il est simplement un état de privation de la grâce, un état de déchéance ; et cette déchéance doit s'entendre non par rapport à notre nature d'homme, mais par rapport à l'état privilégié où l'humanité avait d'abord été placée.

Après cette déchéance, il est vrai, l'homme ne peut atteindre une fin purement naturelle, c'est-à-dire une fin qui correspondît aux forces de l'état de nature pure (1) : pour lui, il n'y a pas de milieu entre la béatitude surnaturelle et la damnation. Et pour obtenir cette béatitude, il doit se servir de moyens surnaturels ;

---

(1) Après notre mort, cette fin aurait été de connaître Dieu et de l'aimer, mais d'une manière analogue à celle dont nous pouvons le connaître et l'aimer sur la terre, d'après nos forces naturelles. Nous ne l'aurions pas vu face à face.

il doit être régénéré par la grâce. Mais cette impuissance à tendre uniquement vers Dieu comme auteur de l'ordre naturel ne vient pas de la chute originelle ; elle vient de ce qu'après cette chute, Dieu a maintenu l'humanité dans un ordre surnaturel, et qu'il a imposé à l'homme l'obligation d'y vivre. Sans doute, la révélation et la grâce sont des bienfaits, mais ce sont des bienfaits que Dieu nous impose d'accepter. Dès lors, l'ordre purement naturel ne peut exister : vouloir y demeurer serait désobéir à Dieu (1).

Cette école ira-t-elle jusqu'à dire avec J.-J. Rousseau : « Tout est bien, sortant des mains de l'Auteur des choses, tout dégénère entre les mains de l'homme (2). » Non, car par là, J.-J. Rousseau entendait non seulement que l'homme n'était pas foncièrement mauvais, mais qu'il était fort pour vouloir et pour faire le bien : pour que l'homme agît convenablement, il lui suffisait de ne pas être entravé dans ses inclinations, de ne pas être perverti par la civilisation. Au contraire, l'école théologique dont je parle ici reconnaît et affirme que l'homme est faible, que la grâce lui est très utile pour faire le bien, pour accomplir les préceptes mêmes de la loi naturelle. Mais sous prétexte de mieux affirmer le dogme catholique du péché originel et de la grâce, elle ne veut pas tomber dans ce qu'elle regarde comme

---

(1) Voir HURTER, *Theologiæ dogmaticæ compendium*, t. II, n. 395 ; t. III, n. 664-665.
(2) *Émile*, début.

un manichéisme, en faisant de l'homme déchu un mal incarné.

Il serait trop long de présenter ici les arguments par lesquels les partisans de cette théorie développent leur thèse (1). Je rappelle seulement une remarque qui va particulièrement à notre sujet. Comment cette école, objecte-t-on, peut-elle s'accommoder des textes où saint Paul parle du *vieil homme,* à l'image d'Adam, qu'il faut remplacer par *l'homme nouveau,* à l'image de Jésus-Christ?

Il dit aux Ephésiens :

Vous avez été instruits à vous dépouiller, en ce qui concerne votre vie passée, du vieil homme corrompu par les convoitises trompeuses, à vous renouveler dans votre esprit et dans vos pensées, et à revêtir l'homme nouveau, créé selon Dieu dans une justice et une sainteté véritables (2).

Et aux Colossiens :

Vous avez dépouillé le vieil homme avec ses œuvres, et revêtu l'homme nouveau, qui se renouvelant sans cesse à l'image de celui qui l'a créé, atteint la science parfaite (3).

(1) Voir Monsabré, Carême de 1877, *28ᵉ conférence de Notre-Dame,* p. 167 et suiv., 378 et suiv. ; Hurter, *op. cit.,* t. II, n. 351⁴, 394-395, t. III, n. 59 ; J. Paquier, *Le jansénisme,* sixième leçon, p. 266 et suiv.
(2) *Eph.,* iv, 22-24.
(3) *Col.,* iii, 9-10.

Eh bien, c'est par une interprétation forcée que l'on trouve qu'ici saint Paul parle de la corruption introduite dans l'homme par le péché originel. Par cette expression de *vieil homme* il veut indiquer non point seulement l'homme privé de la justice originelle, mais l'homme tel que le trouvait le christianisme naissant, c'est-à-dire l'homme qui, à la déchéance primordiale avait ajouté des péchés actuels, l'homme corrompu par de longs siècles d'atavisme et par ses propres fautes.

Sur cette conception théologique de l'homme déchu se sont établies des écoles correspondantes de spiritualité (1). Ces écoles ont leurs divergences. L'école domi-

---

(1) Que l'on remarque bien du reste que dans les pages qui suivent, je ne confonds pas la vie spirituelle avec les méthodes de spiritualité, et moins encore l'union et les phénomènes mystiques avec les théories mystiques. Les méthodes de spiritualité sont des disciplines pour faire naître et pour entretenir en nous la vie spirituelle ; les théories mystiques cherchent à expliquer l'union et les phénomènes mystiques.

Ainsi distinguons-nous l'acte de vision soit des méthodes par lesquelles l'on cherche à en procurer l'exercice normal, soit et plus encore des théories par lesquelles l'on essaie de l'expliquer. Tous, nous pouvons voir de la même manière, et de fait nous voyons à peu près de la même manière une maison, un chêne. Mais qu'ensuite nous essayions de faire la théorie de cet acte de vision : suivant que en philosophie nous serons aristotélicien, malebranchiste ou kantien, suivant qu'en physique nous admettons la théorie de l'émission ou celle de l'ondulation, bien que partis du même point, nous arriverons à des conclusions fort différentes.

Cette distinction entre les phénomènes mystiques et les théories sur le mysticisme explique que de vrais mystiques aient pu donner, des faits mystiques, des théories malheureuses. Il est probable, par exemple qu'à une certaine époque de sa vie, Mme Guyon a été favorisée de grâces mystiques ; mais de ces grâces, elle a donné une théorie condamnée par l'Eglise.

Par contre, des théologiens qui n'auront jamais joui de l'union mystique pourront, en tenant un compte minutieux des descriptions des mystiques, émettre sur le mysticisme des idées convenables.

nicaine donnera davantage aux conceptions métaphysiques, aux considérations intellectuelles, héritage de saint Thomas d'Aquin ; l'école franciscaine, davantage à l'enthousiasme et au mysticisme, héritage de saint François d'Assise et de saint Bonaventure ; l'école carmélite, davantage à la contemplation, héritage de sainte Térèse et de saint Jean de la Croix ; l'école jésuite, davantage à l'action, héritage de l'esprit militaire de saint Ignace de Loyola, et de la mission de l'ordre à son origine contre le protestantisme.

Mais toutes ces écoles s'entendront sur ce point capital que l'homme déchu n'est pas un mal vivant, une corruption incarnée. Aussi, elles estiment toutes que les dons de la nature sont la première assise sur laquelle Dieu établit l'édifice de la grâce, et non pas des décombres qu'il faut complètement déblayer pour y substituer l'œuvre de Dieu (1).

Chez eux, et notamment chez saint Ignace de Loyola, l'on ne trouve rien de cette opposition formidable qu'on voudra plus tard établir entre l'homme venu d'Adam, qui serait tout corrompu, qui corromprait tout ce qu'il

---

(1) Voir ci-dessus, p. 14-16. — Dans *La vive flamme d'amour*, saint Jean de la Croix donne des textes de saint Paul que je viens de citer l'interprétation que j'en ai proposée. « Il faut remarquer que l'âme désigne ici sous le nom de mort le vieil homme tout entier, c'est-à-dire le mauvais usage qu'elle fait de ses puissances et de ses inclinations naturelles, en appliquant sa mémoire, son entendement, sa volonté aux choses du siècle, et en cherchant son plaisir dans les créatures. Ce sont là les opérations de la vie du vieil homme... suivant la parole de saint Paul : *Dépouillez-vous du vieil homme...* » *Vie et Œuvres*, Paris, Oudin, 1903, IV, 522. Voir aussi III, 317, 408.

touche, et l'homme nouveau qui serait une substitution complète à l'ancien.

.˙.

A cette conception plutôt optimiste de l'homme déchu, s'oppose la conception pessimiste d'une déchéance qui dans l'homme n'aurait rien laissé de convenable. D'après cette seconde théorie, la chute originelle ne nous a pas enlevé seulement des dons gratuits, surnaturels : elle a blessé notre nature elle-même ; en sorte qu'en naissant l'homme n'est que l'ombre de ce qu'il devrait être ; il n'est que l'ombre d'un homme. C'est un être contre nature, un avorton, un estropié.

Cette idée de la corruption de l'homme a dominé tout le XVIIe siècle. Elle s'y présente, si je ne me trompe, sous trois aspects différents : idée luthérienne de la corruption intégrale de l'homme déchu ; idée janséniste de la perversité d'intention dans l'homme déchu ; idée catholique d'une dislocation, d'un état maladif, qui a enlevé à l'homme déchu ce à quoi il aurait eu droit en vertu de sa naissance (1).

Pour Luther et les protestants anciens, la chute originelle a fait de la nature humaine un mal vivant.

---

(1) Il est plus facile, du reste, de distinguer théoriquement ces trois aspects que de décider lequel des trois, dans tel ou tel texte, un auteur a eu en vue. Quand Bossuet, par exemple, parle d'un *dérèglement radical* dans notre nature, par suite de la faute originelle, est-il bien éloigné de la conception de Luther ? *Défense de la tradition et des saints Pères*, l. IX, c. XI, édit. Lachat, t. IV, p. 335.

Toutes les actions de l'homme déchu sont des péchés : quelques efforts que nous fassions, notre nature continue d'être infectée et de produire de mauvais fruits; elle ne peut faire que le mal (1).

Les jansénistes travaillent à montrer qu'ils n'ont pas adopté ces idées de Luther (2). Luther, disent-ils, a parlé d'une corruption complète de la nature déchue : pour lui, elle est devenue un mal vivant, un principe, une cause efficiente mauvaise. Pour nous, au contraire, cette nature n'est corrompue qu'à cause de l'impureté, de l'intention qu'elle nous fait mettre dans nos actes ; bons du côté de leur principe et de leur objet, ces actes deviennent mauvais par l'intention avec laquelle nous les accomplissons.

Mais juste en théorie, cette distinction devient nulle dans la pratique avant l'arrivée de la grâce. Pour le janséniste, lorsque la grâce efficace vient, elle guérit la nature, elle lui fait faire le bien. Mais, jusque-là, il restera toujours que pour lui, comme pour le luthérien, toutes les actions de l'homme déchu sont des péchés. Quelque bon que puisse en être l'objet, comme d'honorer ses parents ou d'être compatissant aux maux de ses semblables, ces actions sont souillées par la concupiscence, c'est-à-dire par un amour de la créature qui dans cette créature nous fait mettre notre fin dernière.

---

(1) J. Paquier, *Le jansénisme*, leçon III.
(2) Voir, par exemple, Nicole, *Réfutation des principales erreurs des quiétistes*, 1695, p. 69, 76 et suiv.

Enfin, à côté de ces deux écoles hétérodoxes, il y a une école catholique qui veut se tenir à mi-chemin entre la théorie du moyen âge et celle de Luther : l'homme déchu est malade ; il est une ruine, non seulement de ce qu'il a été dans l'état de justice primordiale, mais encore de ce qu'il devrait être : tout en lui décèle une faiblesse, un désordre naturellement inexplicables. Aussi l'expérience suffit-elle à nous montrer que primitivement nous n'aurions pu être créés ainsi : l'existence de la chute originelle n'est pas affirmée seulement par la révélation ; elle peut aussi se prouver par la raison (1).

A cette école appartiennent tous les grands écrivains catholiques du xviie siècle (2). Or ce sont surtout ceux-là qu'on lit, particulièrement dans le monde laïque ; et non seulement les représentants de cette théorie mitigée, mais encore Pascal représentant de la théorie janséniste ; c'est pourquoi, aujourd'hui encore, au commencement du xxe siècle, malgré la résurrection déjà ancienne des études thomistes, lorsque devant un public

---

(1) Sur les conséquences de la chute originelle, certains auteurs catholiques du xviie siècle ont eu des idées fort curieuses. L'un des ouvrages les plus singuliers en ce sens est celui du P. Sénault, de l'Oratoire, intitulé *L'homme criminel*, Paris, 1644, in-4°. Dans le sixième traité il y a un discours, le troisième, qui a pour titre : *Que le soleil a beaucoup perdu de sa lumière et de sa vertu par le péché*.

(2) Ce n'est pas par une concession de forme que j'appelle ces auteurs catholiques, eux et leur théorie sur les conséquences de la chute originelle. Plusieurs Pères de l'Eglise, et notamment saint Augustin, avaient soutenu la même idée. C'est de saint Augustin et non des jansénistes ou des protestants que Bossuet en particulier l'avait prise. Voir J. Paquier, *Le jansénisme*, passim, et surtout p. 264 et suiv.

français, l'on rappelle et l'on approuve la thèse des grandes écoles catholiques du moyen âge, on a l'air rationaliste.

Et la littérature du xviie siècle s'est emparée de cette conception pessimiste de l'homme déchu. Ici, il serait impossible de trouver la distinction entre l'idée de la perversion intégrale de l'homme et l'idée d'une corruption mitigée : déjà fort peu perceptible chez certains mystiques de l'époque, peut-être même fort difficile à concevoir, cette distinction ne saurait évidemment se saisir dans des œuvres de littérature.

Il vaut donc mieux parler ici d'une tendance au pessimisme.

Or cette tendance, elle est de toutes la plus forte dans les œuvres littéraires du xviie siècle. Dans un article intitulé *Jansénistes et Cartésiens,* Brunetière a fait remarquer combien la conception de la vie dans la littérature du xviie siècle est en harmonie avec la conception que s'en faisait Port-Royal (1).

De même que sur leur conception de l'homme déchu les écoles du moyen âge avaient édifié des théories de spiritualité, ainsi sur la conception de la corruption de l'homme il s'en est élevé de nouvelles.

Il y a celle de Luther, celle des jansénistes, celle des catholiques.

---

(1) *Études critiques sur l'histoire de la littérature française,* t. IV, Paris, 1904, p. 111-178.

Pour Luther, le mieux est de ne pas aborder directement notre nature pour la purifier. Mais sur ce marécage peut planer la foi, ou pour mieux dire la confiance en Jésus-Christ et en Dieu. Cette confiance nous unira à Dieu.

Il est probable aussi qu'elle engendrera des ardeurs célestes qui purifieront le marécage de notre nature. Mais cette purification n'est pas nécessaire : si notre nature est trop sauvage et que la foi ne puisse la diriger, que la nature aille de son côté, qu'elle continue de faire le mal ; et que la foi aille du sien, qu'elle s'envole vers Dieu sans se préoccuper de l'importune qui se vautre dans les bas-fonds.

De plus, puisque la nature est complètement mauvaise, elle n'a pas à coopérer à l'action de la grâce : l'homme doit être tout passif sous l'action de Dieu. Luther le répète mainte fois dans ses œuvres.

En 1531, par exemple, il écrit, dans un Avant-Propos mis en tête d'un sermon du prédicant Crossner : « Les papistes placent dans le ciel des gens devenus saints par leurs œuvres ; et parmi tant de légendes de saints, il n'y en a pas une qui nous décrive un véritable saint, un homme qui ait possédé la vraie sainteté chrétienne, la sainteté par la foi. Toute leur sainteté consiste à avoir beaucoup prié, beaucoup jeûné, beaucoup travaillé ; à s'être mortifiés, avoir couché sur la dure et s'être mal vêtus. »

« Ce genre de sainteté, un chien ou une truie, eux

aussi, peuvent, à peu de chose près, le pratiquer tous les jours (1). »

En 1535, dans son *Commentaire sur l'Épître aux Galates*, il écrit ce passage peut-être encore plus caractéristique : « Dans cette justification, nous ne faisons rien, nous ne rendons rien à Dieu ; mais nous nous bornons à recevoir et à subir en nous une action étrangère, à savoir l'action de Dieu. C'est pourquoi cette justification par la foi, cette justification qui nous fait chrétiens, peut s'appeler justement une justification passive (2). » Et plus loin, il dit avec antithèse : « Notre activité consiste à être passifs sous l'action de Dieu en nous (3). »

Le janséniste n'admet pas cette théorie de la confiance en Dieu qui tient lieu de tout : pour lui, lorsque la grâce vient, elle guérit ou, si l'on veut mieux, elle immobilise vraiment la nature. Toutefois, il simplifie, lui aussi, la vie spirituelle : tous nos actes surnaturels se réduisent à la charité (4). En outre, si le janséniste avait eu une règle de conduite en harmonie avec ses principes sur l'accord de la grâce de Dieu et de l'activité de l'homme, il aurait voulu, lui aussi, rester tout passif sous l'action

---

(1) Edition d'Erlangen, t. LXIII, p. 301.
(2) D. Martini LUTHERI *Comment. in epistolam S. Pauli ad Galatas*, Erlangæ, 1843, t. I, p. 14.
(3) *Même ouvrage*, t. II, p. 199. Voir aussi MOEHLER, *La Symbolique*, traduction Lachat, Paris, 1852, t. I, p. xviii et suiv., 105 et suiv. ; J. DÖLLINGER, *La Réforme*, traduction Perrot, Paris, 1849, t. III, p. 3 et suiv.
(4) Voir prop. 55 et suiv. de QUESNEL, condamnées par la bulle *Unigenitus*. Denzinger, *Enchiridion*, n. 1405 et suiv.

de Dieu : puisque ni pour obtenir de Dieu la grâce efficace ni pour résister à cette grâce, nous n'avons vraiment la liberté, il ne nous reste qu'à attendre paisiblement la venue de la grâce, et à nous laisser passivement diriger par elle quand nous l'avons reçue (1).

L'école catholique admet tout l'ensemble du dogme et de la morale catholiques. Mais elle insiste sur la corruption profonde de notre nature et le mépris qu'il faut avoir pour l'activité de l'homme. Il y a en nous deux hommes : le vieil homme et l'homme nouveau. Le vieil homme rappelle Adam : il devait communiquer avec

---

(1) J'attire l'attention du lecteur sur cette considération. L'affinité que je signale entre le jansénisme et le quiétisme tient à la théorie de la corruption originelle de l'homme. La piété janséniste, méticuleuse et desséchée, n'avait avec cette théorie aucun lien nécessaire. Je ne parle pas davantage de la théorie chère aux jansénistes sur la nécessité de l'amour de Dieu ou contrition parfaite pour recevoir le sacrement de pénitence. Et je sais, en outre, que Mme Guyon et Fénelon furent persécutés par les jansénistes. Mais je sais aussi que, souvent, c'est sans qu'ils s'en doutent, et même avec de l'aversion les uns pour les autres, que les hommes ont entre eux des affinités intellectuelles et morales.
Nicole avait vu que la théorie de la corruption intégrale de l'homme est à la racine du quiétisme ; c'est même, à ma connaissance, le seul auteur qui développe cette idée avec quelque ampleur (*Réfutation des principales erreurs des quiétistes*, Paris, 1695, p. 74-149). Seulement, il semble alors avoir oublié que c'est la même théorie qui est à la racine du jansénisme.
Il ne serait même pas difficile de trouver des livres jansénistes où cette théorie a produit son fruit naturel, à savoir l'inaction quiétiste ; dans les lettres de la Mère Agnès, il y a des passages qui font pressentir Molinos (*Lettres de la Mère Agnès Arnauld*, publiées par P. Feugère, Paris, 1858) I, 26, 41-44, 297, etc. Voir aussi H. Reuchlin, *Geschichte von Port-Royal* (Gotha, 1839-1844), t. II, appendice I (p. 655-664) : *Das Bild der vollkommenen Nonne, von Agnes*.
Et au XVIIIe siècle, après avoir remarqué que la théorie des deux délectations victorieuses conduisait naturellement à l'apathie quiétiste, le P. Colonia ajoutait : « C'est pour cette raison que les ouvrages qui favorisent le quiétisme sont aujourd'hui si fort au goût des jansénistes qui les ont, comme l'on sait, assez ouvertement adoptés. » [COLONIA, S. J.] *Bibliothèque janséniste*, 4e éd., 1744, t. I, préface, § 4.

Dieu par la puissance et la grandeur, par le libre épanouissement des désirs de la sensibilité, des fantaisies de l'imagination, des conceptions de l'intelligence et des tendances de la volonté. Pourquoi ? Parce que tout naturellement, spontanément, ces facultés tendaient vers le bien.

Depuis la chute, au contraire, tout dans l'homme a pris une autre direction ; le corps est porté à oublier l'âme, et l'âme, à oublier Dieu. Dès lors, notre activité (1), qui naguère s'élevait comme naturellement vers Dieu, prend au contraire spontanément une fausse route.

Aussi le mieux pour l'homme est de se débarrasser de toutes ces tendances, de toute cette activité. Il doit rogner, couper tout ce qui en lui cherche à l'attacher à lui-même et aux créatures ; c'est malgré sa nature corrompue, et en se débarrassant d'elle qu'il doit s'élever vers Dieu. Il doit être contre lui-même le justicier de Dieu.

Voilà l'idée qui est à la base de l'ascétisme du cardinal de Bérulle et de son disciple M. Olier (2).

---

(1) Activité, du reste, tout empruntée : beaucoup des partisans de cette théorie étaient en philosophie pour les *Causes occasionnelles*. Voir, ci-après, p. 88, 90.

(2) Exemples :

« L'état auquel nous avons été réduits par le péché de notre premier Père est tellement déplorable, qu'il a plus besoin de nos larmes que de nos paroles... Car en cet état nous n'avons droit à rien qu'au néant et à l'enfer, et nous n'avons pouvoir de rien que de pécher, et nous ne sommes plus qu'un néant opposé à Dieu, digne de son courroux et de son ire éternelle. » *Œuvres de piété*, XXVIII ; dans les *Œuvres de...* Pierre, cardinal de Bérulle, Paris 1644, in-fol., p. 791.

*
* *

Molinos croit à la corruption intégrale de l'homme depuis la chute originelle.

Assurément, quand on ouvre son livre, cette conception n'éclate pas aux yeux. Ce que l'on y trouve constamment, ce sont des conseils pour s'élever vers Dieu et s'abîmer en lui. Mais, malgré les apparences extérieures, peut-être même à l'insu de Molinos, ces conseils ont un autre sens que ceux que l'on trouve dans les œuvres d'ascétisme et de mysticisme catholique : ils partent du principe luthérien de la perversion irréparable de la nature déchue.

L'homme naturel est « méprisable » (1).

« Nous avons perdu le droit d'être, que Dieu par sa bonté nous avait donné en nous créant ; car le péché originel et le péché actuel nous ôtent ce droit... En la grâce qui découle de cette Incarnation adorable [du Fils de Dieu] comme d'une vive source, il y a une sorte d'anéantissement en nous-mêmes, et d'établissement en Jésus. Anéantissement et de puissance et de subsistance ; mais avec cette différence que la puissance qui précède en nous la grâce de Jésus-Christ, n'étant qu'une puissance à nous perdre, nous est ôtée véritablement, et nous sommes tirés dans la sienne pour y accomplir toutes nos actions. Mais notre subsistance ne nous est pas ôtée en la même manière ; elle n'est anéantie que quant à l'usage et en la moralité, et en son autorité, et non en son existence. » *Œuvres de piété*, CXXXI, dans *Œuvres*, p. 998-999. Voir aussi, *Vie de Jésus*, c. XXIV, p. 497-498 ; *Œuvres de piété*, CXXXVI, p. 1001-1007 ; CLXX, p. 1053-1054, etc.

« Avant que d'être redressée par le baptême, [l'âme] est dans un renversement étrange, et dans une opposition entière à Dieu, étant toute revêtue de péché en elle-même, et en ses facultés intérieures et extérieures ; et il semble qu'on peut dire en quelque sens qu'elle a même perdu son être naturel, puisque d'esprit très pur qu'elle était elle devient chair par l'alliance qu'elle a avec le corps... » M. OLIER, *Journée chrétienne*, préface, édition de 1655, p. 4. Voir aussi FAILLON, *Vie de M. Olier* (4ᵉ édit., 1873), t. II, p. 205-206, 256 ; H. WATRIGANT, S. J., *L'école de la spiritualité simplifiée et la formule « Laissez faire Dieu »*. Paris, Lethielleux, 1903, p. 48 et suiv.

(1) *Guide spirituelle*, I, 51.

Toutes nos œuvres sont souillées par les taches de la vanité, de la complaisance en nous-mêmes, et de l'amour-propre (1). Il y a peu d'âmes qui parviennent à l'oraison infuse et passive : parce qu'il y en a peu qui soient capables de recevoir les divines influences avec une entière nudité, avec la mort de leur activité propre et de leurs puissances (2).

Puisque notre nature est foncièrement mauvaise, elle ne peut que pécher :

Que peut-on attendre du fond trompeur de notre nature que des avortons, des chardons et des épines (3) ?

C'est sur cette idée de la corruption de la nature déchue que Molinos a établi sa méthode de spiritualité : la nature humaine est inguérissable et il vaut mieux la laisser de côté. Il n'admet même pas avec les jansénistes que l'on puisse dompter la concupiscence par la grâce. C'est de l'acte de confiance de Luther que sa théorie paraît surtout relever.

Sans doute il a transformé le système de Luther : d'un état de confiance, et de confiance dans les mérites de Jésus-Christ, il a fait un état d'union, et d'union avec la Divinité elle-même.

Mais l'idée fondamentale qui l'amène à cette théorie,

---

(1) *Ibid.*, I, 52.
(2) *Ibid.*, III, n. 136.
(3) *Ibid.*, II, 126. Le mot *sterpi* que je traduis par *avortons* signifie les rejetons qui poussent du tronc ou des racines d'un arbre mort ou abattu.

c'est l'idée de Luther sur la corruption irrémédiable de notre nature, sur le besoin pour l'âme de laisser cette nature aller de son côté, si elle-même elle veut librement s'envoler vers Dieu.

La théorie de Luther et celle de Molinos forment deux tiges distinctes ; mais elles viennent de la même racine.

Il ne faut donc ni nous étonner, ni nous effrayer de nos chutes : la tentation la plus grave serait d'y penser pour en tirer des motifs de désespérance :

Dès que vous aurez fait quelque chute, l'ennemi du genre humain tâchera de vous persuader que vous ne marchez pas d'un pas ferme dans la voie spirituelle (1)... [Mais] aussitôt que vous serez tombé en quelque faute, sans perdre votre temps à faire des réflexions sur votre chute, vous devez chasser les vaines craintes, sans vous inquiéter ni vous troubler ; mais reconnaissant humblement votre faute, et voyant votre misère, tournez-vous vers le Seigneur avec une amoureuse confiance... Aimez à vous reposer sur cet abandon, sans faire réflexion si Dieu vous a pardonné ou non ; reprenez vos exercices, et rentrez dans le recueillement, comme si vous n'étiez point tombé.

Ne traiteriez-vous pas de ridicule, un homme qui disputant du prix de la course et venant à tomber au milieu de la carrière, demeurerait couché à terre, à pleurer et à se lamenter en faisant des considérations sur son accident ! Mon ami, lui diriez-vous, ne perdez pas votre temps : levez-vous et mettez-vous à courir ; car qui se relève promptement et poursuit sa course est comme s'il n'était pas tombé (2).

(1) *Guide*, II, 127.
(2) *Ibid.*, II, 129-130.

Ici, comme presque toujours, dans la lecture de ce troublant opuscule, l'on est tenté de se dire : « Mais ce langage est de la plus parfaite spiritualité. Trop se lamenter de ses chutes vient de la présomption, d'un certain étonnement de n'avoir pas pu trouver en soi la force de marcher seul. »

Sans doute, mais Molinos va jusqu'à l'indifférence pour la chute elle-même : en soi, elle ne compte pas ; après comme avant, il faut s'élever vers Dieu.

C'est ce que remarquait le ministre Jurieu :

Il semble qu'il ne **veut** parler que des péchés véniels. Mais ses raisons vont à la ruine de toute repentance, de quelque nature que soient les péchés qu'on a commis. Un homme, dit-il, ne serait-il pas ridicule, qui dans une course perdrait son temps à se lamenter sur sa chute, au lieu de se relever et de se relever comme s'il n'était pas tombé ? Comme ce faux docteur compte tous les crimes, où peut tomber son contemplatif, pour rien, ou tout au plus pour des péchés très véniels, parce qu'il n'y a pas consenti, on voit que son dessein est de ruiner en toute manière l'aversion pour le péché (1).

Cette conséquence, nous savons que plusieurs disciples de Molinos la tirèrent dans la pratique de leur vie. Sur la conduite de Molinos lui-même nous sommes moins renseignés ; mais dans ses conversations et dans ses lettres il dut très vraisemblablement déduire

---

(1) [Jurieu], *Traité historique contenant le jugement d'un protestant sur la théologie mystique*, 1699, p. 127.

de sa doctrine des conclusions immorales. Là XLVIIIᵉ des propositions condamnées par Innocent XI, proposition tirée sans doute d'une lettre de Molinos, présente ces conclusions dans toute leur crudité :

> Satan, auteur de ces violences, tâche ensuite de persuader à l'âme que ce sont de grands péchés, afin qu'elle s'en inquiète, et qu'elle n'avance plus davantage dans la voie intérieure ; c'est pourquoi, pour rendre ses efforts inutiles, il vaut bien mieux ne s'en point accuser, puisqu'aussi bien ce ne sont point des péchés, pas même véniels (1).

Puisque dans nos actes tout est mauvais, les vertus elles-mêmes sont des défauts :

> Les vertus mêmes que l'on a acquises et qui ne sont pas purifiées, troublent ce grand don de la paix de l'âme (2).

De ce passage de la *Guide spirituelle* il convient de rapprocher la 32ᵉ proposition condamnée par Innocent XI :

> Il faut rejeter les vertus.

Cette conclusion est très logique : l'exercice de la vertu suppose un déploiement de notre activité, or cette activité est viciée.

Dès lors, maints passages de Molinos et des autres

---

(1) DENZINGER, *Enchiridion*, n. 1268 ; et dans BOSSUET, *Œuvres* XVIII, p. 693.
(2) *Guide spirituelle*, III, 24.

quiétistes, qui de prime abord semblent très orthodoxes, prennent une tout autre signification.

Quoi de plus habituel, par exemple, chez les auteurs ascétiques, que la recommandation de se mettre en garde contre les attraits de la dévotion sensible.

C'est une grande et rare vertu, dit l'*Imitation*, que de se passer des consolations divines et humaines, et de soutenir volontiers, pour la gloire de Dieu, l'exil où se trouve quelquefois notre cœur, sans se rechercher soi-même en rien, et sans examiner si on le mérite ou non (1).

En effet, la dévotion sensible peut n'être qu'une illusion. La perdre nous habitue à nous attacher à Dieu pour lui seul.

Mais quoique cette dévotion soit d'un ordre inférieur, quoiqu'elle puisse même n'être qu'une illusion fort dangereuse, en soi elle n'est pas mauvaise : au contraire, il est dans l'ordre que notre intelligence, notre cœur trouvent du plaisir à connaître et à aimer Dieu ; il est nécessaire qu'une force qui se sent agir se complaise à se développer d'une manière normale.

Très souvent, Molinos parle contre l'attrait que l'on ressent dans les choses spirituelles.

De tous les chemins profitables, dit-il, celui des ténèbres est le plus parfait, le plus sûr et le plus direct. Car c'est

---

(1) L. II, c. IX, n. 1. Sur cette question des faveurs spirituelles, voir P. W. FABER, *Progrès de l'âme dans la vie spirituelle*, Paris, 1873, p. 432-460.

dans les ténèbres que le Seigneur place son trône (1). Ce sont elles qui font croître et grandir la lumière surnaturelle que Dieu infuse dans l'âme. C'est au milieu d'elles que s'engendrent la sagesse et le fort amour. C'est par elles que l'âme s'annihile et que se consument les représentations qui empêchent la vue directe de la vérité divine. C'est par elles que Dieu introduit l'âme dans le chemin intérieur qui mène à l'oraison de quiétude et de contemplation parfaite, dont un si petit nombre ont l'expérience. Enfin, c'est par elles que Dieu purifie les sens et les attaches sensibles, qui obstruent la voie mystique (2).

Ainsi,

La dévotion et la douceur sensibles ne sont ni Dieu ni l'âme ; mais elles viennent de la nature, et c'est pourquoi vous devez les mépriser (3).

Il faut donc

ne vouloir rien connaître ; ne chercher ni douceurs, ni tendresses, ni dévotion sensibles (4).

Il faut se détacher de tout : de la contemplation elle-même (5), des dons du Saint-Esprit (6), afin d'en arriver à se dépouiller de tout, à s'anéantir et à se transformer en Dieu (7).

(1) Ps. xvii, 12.
(2) *Guide*, i, 40. Voir aussi i, 6 et suiv., 30 et suiv.
(3) *Ibid.*, i, 36. Voir aussi i, 86.
(4) *Ibid.*, i, 41.
(5) *Ibid.*, iii, 134.
(6) *Ibid.*, iii, 183.
(7) *Ibid.*, iii, 187-188.

Pourquoi ce détachement universel ? Parce que, pour le quiétiste, en nous tout est mauvais ; or, goûter du plaisir à un acte mauvais, c'est se réjouir du mal, c'est consentir au mal commis.

C'était la raison pour laquelle le janséniste, lui aussi, réprouvait la dévotion sensible.

Voilà pourquoi, dans les propositions condamnées par Innocent XI, il y en a qui parlent contre la dévotion sensible et qui vantent les sécheresses spirituelles :

Le dégoût des biens spirituels est un bien, parce qu'il purifie l'amour-propre. — Toute sensibilité dans la vie spirituelle est quelque chose d'abominable, d'impur et d'immonde (1).

**

Comme Molinos, Mme Guyon et Fénelon pensent qu'il n'y a rien de bon à attendre de la nature humaine corrompue par la faute originelle.

C'est cette idée qui explique comment Mme Guyon a pu harmoniser son empressement à écouter ses impulsions avec ses prétentions à la désappropriation absolue. Dans sa pensée, bien loin qu'entre ces deux dispositions il y ait opposition, elles s'appellent l'une l'autre chez l'homme déchu.

Dans ses descriptions et affirmations touchant l'état

---

(1) Prop. 28, 30. Voir aussi les prop. 27, 29.

de nature déchue, Mme Guyon est encore plus explicite que Molinos.

La nature est mauvaise : « L'image du démon est burinée dans le vieil homme (1). »

Cette *propriété* contre laquelle elle parle si fréquemment, c'est l'attachement de l'homme à sa nature. « Ces obstacles [les obstacles qui empêchent Dieu de rétablir en nous l'image de son Fils], sont enracinés dans la propriété, où est gravée l'image du démon (2). »

Pour être parfait, il faut donc renoncer complètement à cette propriété, c'est-à-dire à tous nos actes, il faut les considérer tous comme mauvais ; et laisser Jésus-Christ réparer en nous son image, « l'image du Verbe, que le démon s'était efforcé d'effacer (3). »

C'est à quoi tend toute la voie mystique, et les expressions diverses dont on se sert pour se faire entendre, ne sont que la même chose : dépouillement, renoncement, pauvreté d'esprit, perte, mort, anéantissement, résurrection, etc.

Tout cela n'est que la destruction du vieil homme et de l'image du démon, et la réparation de l'homme nouveau en nous (4).

---

(1) *Œuvres*, XXI, 86 (Discours VII : *Que le rétablissement de l'image de Dieu en l'homme est le but de tout*, p. 81-88). Pour parler de Mme Guyon, l'on se borne trop souvent à lire sa *Vie*, le *Moyen Court*, les *Torrents spirituels*, auxquels on ajoute peut-être quelques autres opuscules. Pourtant, il est très utile de lire ses *Discours* pour comprendre sa doctrine.
(2) *Œuvres*, XXI, 86.
(3) *Œuvres*, XXI, 84.
(4) *Œuvres*, XXI, 87.

Il est tellement vrai que l'homme déchu est mauvais, qu'il salit tout ce qu'il touche : la grâce même se salit en venant en nous :

Pour faire comprendre la différence des vertus prises en Dieu même, ou de celles qui sont reçues dans la créature et qu'elle possède propriétairement, je me servirai de la comparaison de la pluie. Vers le ciel et dans la nuée, la pluie est pure et nette ; mais elle ne tombe pas plus tôt sur la poussière qu'elle en fait de la boue. Tous les dons et toutes les vertus en Dieu sont toutes pures ; mais elles ne sont pas plus tôt tombées en nous que la propriété les gâte et les salit (1).

On a beau blanchir une vieille masure, elle est toujours vieille. On a beau orner le vieil homme, c'est toujours le vieil homme : il faut qu'il soit détruit afin que l'homme nouveau prenne sa place (2).

En un mot, « pour unir deux choses aussi opposées que le sont la pureté de Dieu et l'impureté de la créature, il faut que Dieu opère singulièrement. Car cela ne se peut jamais faire par l'effort de la créature, puisque deux choses ne peuvent être unies, qu'elles n'aient du rapport et de la ressemblance entre elles ; ainsi qu'un métal impur ne s'alliera jamais avec un or très pur et affiné (3) ».

Dans son *Discours de la véritable purification de*

---

(1) *Œuvres*, xxi, p. 203 (Discours XXIV : *Des renoncements de plusieurs sortes exigés de Jésus-Christ*).
(2) *Œuvres*, xxi, p. 208 (Discours XXV : *Que Dieu se trouve par le délaissement et la désappropriation.*)
(3) *Œuvres*, XXIII, p. 71 (*Moyen court.*)

l'âme, elle explique cette doctrine dans tous ses détails (1).

Dieu nous a créés à son image. Mais le péché originel a effacé cette image : « Le caractère du démon est buriné si avant par le péché qu'il est presque entièrement ineffaçable, parce qu'il est comme identifié avec la nature. » Pour réparer cet ouvrage, « Dieu commence par détruire ; puis, sur les ruines de la propriété et de la nature corrompue », il s'établit lui-même.

Par sa grâce, en enlevant le péché mortel, il « purifie l'âme de ce qu'elle a d'entièrement opposé à lui ». Mais ce n'est là qu'un essai, un premier linéament de ce qu'il veut faire en elle : il faut détruire encore. Pourquoi « toutes ces destructions et ces renversements »? Parce qu' « il restait dans cette image, lavée et purifiée, un caractère de l'image du démon, un reste, dis-je, de cette image, qui est comme identifiée avec elle, et que nul ne peut ôter que Jésus-Christ même. Il faut donc que ce soit lui qui l'ôte : et c'est pour l'ôter qu'il rompt et brise cette image-là, où il restait encore ces vestiges de l'image du démon. *Ces vestiges sont la propriété* ».

Sans doute, au plus intime de l'âme, même souillée de la faute originelle, il reste un « caractère de la Divinité, quelque chose des « linéaments » de Dieu. « Mais comme l'on ne peut détruire ce qui est mauvais sans ôter ce qui est bon, à cause du mélange qui s'est

---

(1) *Œuvres,* XXII, p. 114-128. (Discours XVIII).

fait de l'un et de l'autre, il faut nécessairement que la destruction soit totale, sans quoi, nous serions toujours caractérisés du démon, et toujours soumis à sa puissance. »

Dieu veut donc tout détruire ; après avoir tout brisé, tout fondu, tout détruit, il fera une nouvelle créature : « c'est là toute l'économie de la grâce ».

Et qui produira cette réparation de l'image de Dieu en nous ? Ce sera Dieu qui fera tout : pour la fusion, autrement dit pour la destruction de l'ancienne image, de celle du démon, et pour le rétablissement de la nouvelle, de l'image de Dieu, l'âme doit rester également passive : elle n'a rien à faire : « Vous ne pouvez contribuer à cet ouvrage qu'en demeurant ferme et immobile entre les mains de Dieu ; mais pourtant assez flexible pour vous laisser tourner, baisser et hausser comme il lui plaît. » Ainsi, « tout notre travail doit être de laisser faire Dieu » en nous. « Vous voyez donc, conclut Mme Guyon, que l'âme ne contribue à l'un et à l'autre de ces ouvrages qu'en laissant faire ; et qu'ainsi elle ne peut être trop convaincue de la nécessité de laisser opérer Dieu en elle en pure et nue souffrance, sans se mêler de rien. »

Cette conclusion est fort logique : puisque dans la nature déchue le mal se trouve partout, qu'il a tout imprégné, dès lors toutes les œuvres où l'homme mettrait du sien seraient contaminées : moins l'homme coopérera à l'action de Dieu, plus cette action restera pure.

C'est absolument la conclusion de Luther (1).

La destruction du vieil homme et la réparation de l'image de Dieu en nous, c'est aussi tout l'objet des *Torrents spirituels,* le principal opuscule de Mme Guyon : une fois que nous avons vraiment renoncé à notre action, notre âme, comme un *Torrent,* s'en va s'absorber en Dieu.

Alors la créature n'a plus aucune part à ce qu'elle fait, elle n'est plus *propriétaire ;* alors

les choses les plus divines et miraculeuses sont comme toutes naturelles à l'âme, elle les fait sans y penser ; et c'est le même principe qui la fait vivre qui les fait en elle et par elle. [Alors, elle a quelque chose] sans rien avoir (2) ; [alors, enfin, elle est dans un] état ressuscité et divinisé (3).

Quand l'âme est ainsi régénérée, qu'ayant renoncé à sa nature et à ses opérations corrompues, elle est complètement dépouillée d'elle-même, qu'elle n'est plus propriétaire, alors elle est assurée que toutes les impulsions qu'elle ressent lui viennent de Dieu. C'est Dieu qui agit complètement en elle : aussi dans ses actions tout est pur. Et c'est ainsi qu'en toute sécurité, plus l'impulsion que sentait Mme Guyon était violente, plus elle y obéissait ; et plus elle était convaincue qu'ainsi

---

(1) Voir, ci-dessus, p. 44.
(2) T. XXIII (*Torrents*), p. 227-238.
(3) T. XXIII (*Torrents*), p. 245.

QU'EST CE QUE LE QUIÉTISME ? 61

elle allait par le chemin de la « foi vive » et qu'elle n'était plus « propriétaire » de rien en elle.

Dès lors, nous comprenons parfaitement ce passage de sa *Vie* qui sans cette explication paraît si obscur et semble même un recueil de contradictions :

« En cet état, tout est si intime que rien ne s'aperçoit ; mais s'il en tombe quelque chose sur les sens, l'âme est inébranlable pour laisser aller et venir la grâce, ne faisant nul mouvement, quelque simple qu'il soit, ni pour goûter, ni pour connaître. Elle laisse le tout comme s'il se passait dans un autre, sans y prendre nulle part. Au commencement, et assez longtemps, l'âme voit que la nature veut y prendre sa part ; et alors sa fidélité consiste à la retenir, sans lui permettre le moindre épanchement ; mais puis après, l'habitude qu'elle a prise à la retenir fait qu'elle demeure immobile, et comme si c'était une chose qui ne la touche plus ; elle ne regarde plus rien, elle ne s'approprie plus rien, et elle laisse tout écouler en Dieu avec pureté, comme il en est sorti. Jusqu'à ce que l'âme soit en cet état, elle salit toujours un peu par son mélange l'opération de Dieu, semblable à ces ruisseaux qui contractent la corruption des lieux par où ils coulent ; mais sitôt que ces mêmes ruisseaux coulent dans un lieu pur, alors ils restent dans la pureté de leur source. Ceci détruit beaucoup la nature et la chasse de chez elle, ne lui laissant aucun refuge ; mais, à moins de l'expérience, et que Dieu ne fasse connaître cette conduite à l'âme, elle ne la peut comprendre ni se l'imaginer à cause de sa grande nudité (1). »

Dès lors, nous comprenons aussi comment, avec une ingénuité singulière, Mᵐᵉ Guyon pouvait déclarer que la voie qu'elle enseignait était bien préférable à celle qu'avaient suivie les saints d'autrefois. Après avoir décrit la vie des âmes qui s'attachent à agir, à faire le bien, elle dit :

« [Ces âmes] sont et seront toujours propriétaires, et même de la vertu ; mais d'une manière si délicate que les seuls yeux divins le peuvent découvrir. La plupart des saints dont la vie est si admirable ont été conduits par cette voie. Ces âmes sont si chargées de marchandises que leur course est fort lente (2). »

Il y a une autre voie, conclut-elle, voie bien supérieure à celle-là : c'est celle de la foi nue.

Ainsi, ces saints avaient eu tort de déployer une activité viciée. Mᵐᵉ Guyon enseigne une perfection plus haute : elle veut qu'on ne tire rien de soi et qu'on en arrive à la désappropriation absolue.

Aussitôt que Fénelon eut émis la théorie du désintéressement absolu touchant son salut éternel, l'on n'eut

---

(1) Œuvres, t. XXXIV (Vie, t. II), p. 82. Sur la corruption de notre nature, d'après Mᵐᵉ Guyon, on peut voir encore t. X (Le Cantique des Cantiques), p. 181 (sur le ch. IV, v. 7), cité dans les Justifications, t. II (Œuvres, t. XXVI), p. 198-199 ; t. X, p. 237 (Le Cantique, ch. VIII, v. 5), t. XXI (Discours), p. 51, n° 9 (très caractéristique) ; t. XXIII, pp. 50-59 (Moyen court., ch. XXI) ; p. 72, (ch. XXIV).

(2) Les Torrents spirituels, Iʳᵉ partie, ch. III, n. 18-19 ; Œuvres, t. XXIII, p. 149. — Comparer ce passage à ceux de Luther que j'ai rapportés ci-dessus, p. 41-45.

pas de peine à montrer qu'elle allait contre la nature même de l'homme.

De soi, en effet, l'acte d'amour de Dieu est de nature à nous donner un perfectionnement et un plaisir : un perfectionnement, puisque c'est un acte en harmonie avec notre nature, que c'est même le plus grand et le plus bel acte que nous puissions accomplir, à savoir l'acte d'adhésion au souverain Bien ; un plaisir, car il n'est pas possible qu'une force douée de vie, et d'une vie consciente, s'exerce sans qu'elle se sente agir. Si elle se développe normalement, son activité lui sera agréable ; mais si elle est contrariée dans son développement, elle en éprouvera une contraction pénible. Notre cœur, notre volonté, douées d'une vie consciente, doivent donc trouver du plaisir à accomplir le plus grand de leurs actes, l'acte d'amour de Dieu.

Sans doute, il faut distinguer entre les *motifs* d'un acte, ou l'intention de celui qui l'accomplit, et la *fin* ou les conséquences de cet acte.

Quand un homme fait un acte désintéressé d'amour de Dieu, ce n'est pas *explicitement* en vue d'un perfectionnement et d'un plaisir qu'il accomplit cet acte : le *motif* qu'il y met, c'est simplement d'aller vers la beauté, la bonté de celui qu'il aime.

Ce désintéressement de l'amour n'a pas été condamné par Rome. Il ne pouvait pas l'être.

Mais ce perfectionnement et ce plaisir, on ne peut pas ne pas les vouloir *implicitement,* puisqu'ils sont la fin nécessaire de l'acte d'amour de Dieu, ou pour mieux dire, qu'ils sont cet acte lui-même.

Sans doute, l'on conçoit aussi que l'intelligence humaine, finie, limitée, incapable de saisir un objet dans son entier, d'embrasser toutes les conséquences d'un acte, puisse se dire : « Si par hasard, je pouvais aimer Dieu et être damné, et si par là je pouvais augmenter la gloire de Dieu, je serais heureux de ce malheur (1). »

Mais, au milieu même des plus fortes épreuves, le renoncement au salut éternel ne peut être que conditionnel : il repose sur cette hypothèse impossible que notre volonté pourrait en même temps aller vers Dieu et s'écarter de lui, être pleine de Dieu et être vide de Dieu, en un mot qu'elle pourrait à la fois aimer Dieu et ne pas l'aimer ; ou qu'aimant Dieu, elle pourrait avoir, non point par suite d'une épreuve passagère, mais éternellement, une insensibilité ou mieux une *perversion constitutive* qui dans ce perfectionnement apporté par l'acte d'amour de Dieu ne lui ferait trouver que du dégoût.

C'est ce que disait Leibniz :

« Telle est la nature du véritable amour qu'il est fondé sur des motifs distincts de notre intérêt particulier, quoique cet intérêt ne puisse en être séparé. Car, comme je l'ai dit dans un ouvrage que j'ai publié autre-

---

(1) Voir *Articles d'Issy*, 33° ; BOSSUET, *Instruction sur les Etats l'oraison*, liv. IX, n° 4 (*Œuvres*, t. XVIII, p. 584-586.)

fois, aimer, c'est être disposé de telle sorte qu'on trouve son plaisir dans la félicité d'autrui (1). »

« La considération de notre bien propre, dit-il ailleurs, n'entre pas dans l'amour pur ; cet amour se borne à trouver du plaisir dans la félicité d'autrui. Toutefois cette considération de notre bien propre ne peut être ni mise de côté, ni rejetée (2). »

Ainsi, l'amour peut renoncer à tout, excepté à l'amour même (3).

Mais comment Fénelon en est-il arrivé à cette théorie de la possibilité d'un renoncement absolu au salut éternel ? Par la même idée que l'on trouve à la base des

---

(1) Ea est natura veri amoris ut ab eo quod interest, commodive privati respectu separatas habeat rationes, non ita tamen ut a bono amantis possit divelli. Nam ut ego olim in libro edito definire memini, Amare est eo esse animo, uti in alterius felicitate sis reperturus voluptatem tuam. » (Leibniz à Magliabecci, 13 juin 1698.)
G. G. LEIBNITII, *Opera omnia* (Genevæ, 1768, in-4°.), t. V, p. 127.
L'ouvrage auquel Leibniz renvoie ici est sa *Dissertatio II, de eadem materia* [scilicet *Actorum publicorum usu*...], *secundæ codicis Gentium diplomatici parti præfixa* ; dans *Opera*, t. IV, part. III, p. 313 : « Amare vel diligere est amati felicitate perfectionibusque delectari. »
Il revient souvent sur ce point. La forme la plus simple de sa pensée est dans une lettre à Burnet, de 1697 : « Vous trouverez ma définition dans la préface de mon Code diplomatique, où je dis : *Amare est felicitate alterius delectari*, trouver son plaisir dans la félicité d'autrui. » *Opera*, t. I, p. 29. Voir aussi GERHARDT, *Die philosophischen Schriften von Leibniz* (Berlin, 1875-1890), t. I, p. 357-358 (Leibniz à Malebranche, 1699).
(2) Certum est utilitatem praeter delectationem in alterius felicitate ad amorem purum non pertinere, quamvis ea nec excludenda nec rejicienda sit. » G. G. LEIBNITII *Opera omnia* (Genevæ, 1768, in-4°), t. V, p. 189.
(3) Mme Guyon elle-même dit à peu près équivalemment : « Le sacrifice absolu ne sacrifie jamais l'amour même. » *Œuvres*, t. XXII, 313 (Discours LII : *Du sacrifice absolu et de l'indifférence au salut*).

conceptions de Molinos et de Mme Guyon : l'idée de la corruption intégrale de l'homme déchu.

Ici, l'on se récriera et l'on dira : Mais Fénelon est un optimiste. Il part au contraire de cette idée que l'homme est bon. C'est même sans doute l'un des motifs pour lesquels J.-J. Rousseau avait tant d'admiration pour lui.

Peut-être ; mais Fénelon est fort complexe. Avant ses relations avec Mme Guyon, il parle d'une « société simple, familière et tendre avec Dieu » (1). Mais la théologie ambiante le porte à ne voir là qu'un vestige d'un état plus heureux. Et Mme Guyon va accentuer cette idée, en l'initiant à sa théorie de la désappropriation. Il faut « quitter tout opérer pour laisser faire Dieu », lui écrit-elle (2). « Cessez votre activité du côté de Dieu, afin de faire place à son Esprit. » « Il ne demande pas vos œuvres, mais votre obéissance (3). »

Ainsi cette direction tend à se réduire à un point très simple : Dieu « est tout en tout » (4) : il faut nous fondre en lui, nous identifier avec lui, et dès lors le laisser opérer en nous (5).

Fénelon devint « très convaincu de la vérité de la voie

---

(1) *Avis à une dame de qualité sur l'éducation de sa fille* (Œuvres, t. V, p. 603). On ignore la date de cet écrit ; mais on y trouve les mêmes idées que dans le *Traité de l'éducation des Filles*, composé en 1681, publié en 1687.
(2) Maurice MASSON, *Fénelon et Mme Guyon* (1907) p. 52 (Fév. 1689).
(3) *Même ouvrage*, p. 53, 55.
(4) *Même ouvrage*, p. 39 et note 1.
(5) *Même ouvrage*, p. 58, etc.

de pure foi et d'abandon » (1). Aussi, désormais, dans sa direction, il ne parlera plus, lui aussi, que d'anéantissement (2), que de renoncement à tout ce qui est de l'homme ou qui pourrait être agréable à l'homme, comme les consolations spirituelles (3) ; que de « laisser tomber » tout ce qui est de nous (4), pour « se borner à laisser faire » Dieu (5).

Il écrira dans son *Manuel de piété* :

Défaites tout pour tout refaire. Que votre créature soit toute nouvelle et qu'il ne reste aucune trace de l'ancien plan.

Alors, ayant tout effacé, tout défiguré, tout réduit à un pur néant, je deviendrai en vous toutes choses, parce que je ne serai plus en moi rien de fixe (6). »

Cet *ancien plan*, c'est le *vieil homme*, c'est la *nature*, c'est-à-dire la corruption originelle qui a tout contaminé en nous, et qui par conséquent doit disparaître pour que la grâce puisse faire de nous un *homme* complètement *nouveau*.

Dès lors nous comprenons sans peine les expressions les plus curieuses de Fénelon, ces expressions devant

---

(1) *Même ouvrage*, p. 293 (16 oct. 1689).
(2) *Même ouvrage*, p. LXX et suiv.
(3) *Manuel de piété* (Œuvres, t. VI, p. 10) : « Marchez dans les ténèbres de la foi... »
(4) MASSON, p. 148 et note 2.
(5) *Maximes des Saints*, p. 35 ; IIIe Proposition condamnée.
(6) *Manuel de piété* (Œuvres, t. VI, p. 51). — Sur la vraie pensée de saint François de Sales à ce sujet, voir Dom MACKEY, *Préface* aux *Vrays Entretiens spirituels*. Œuvres de saint François de Sales, Annecy, t. VI, 1895, p. XLV-XLIX.

lesquelles M. Crouslé s'arrête avec un étonnement qui fait sourire : « Comprenne qui pourra, répète-t-il toutes les dix pages ; pour moi, j'avoue ingénuement que je n'y vois rien (1). »

C'est ainsi que s'explique la fameuse expression « d'intérêt propre », que l'on retrouve à chaque page des écrits de Fénelon et de Bossuet sur le Quiétisme. Fénelon en faisait la clef de toute sa théorie : « Plus vous lirez le livre [des *Maximes des Saints*], disait-il dans son *Instruction pastorale,* plus vous verrez que tout son système dépend du terme *d'intérêt propre.* Si ce terme n'est point expliqué dans le livre, c'est que nous avons supposé que tout le monde le prendrait comme nous pour signifier un attachement mercenaire aux dons de Dieu par un amour naturel de soi-même. Nous avons supposé ce sens comme établi par tous les meilleurs auteurs de la vie spirituelle qui ont écrit en français, ou dont les écrits ont été traduits en notre langue (2).

Bossuet reprochait vivement à Fénelon de n'avoir pas expliqué cette expression : « Hélas, si le dénouement de l'intérêt propre pris pour un amour « naturel, délibéré, innocent en soi, et seulement imparfait » est si décisif, combien faut-il déplorer que l'auteur n'ait pas voulu s'en expliquer dans son livre ? Tout y roule sur ce seul

---

(1) L. Crouslé, *Fénelon et Bossuet* (1895, 2 vol. in-8°) ; ii, 216-218 ; 258 ; ii, 285, à la note 3 ; ii, 342, etc.
(2) *Instruction pastorale*, n. 21. *Œuvres*, t. II, p. 300. Voir aussi : *Réponse à la déclaration*, n. xii, xx, xxi, xxv ; *Œuvres*, II, 333, 344, 346, 350, et mille autres passages.

mot : *intérêt propre* ; et cependant l'auteur qui voulait tout définir n'a oublié que ce terme d'où dépendait tout » (1).

Et Fénelon prétendait que, cette expression, il l'entendait comme tout le monde autour de lui (2). Il avait assez raison ; l'idée de la corruption de l'homme, nous l'avons vu, était générale au xviie siècle : l'on devait détruire « la nature », suivant l'expression des auteurs de spiritualité de cette époque, si l'on voulait accomplir des œuvres de salut.

Avec ce sens de *l'intérêt propre*, l'on comprend les synonymes dont Fénelon se sert pour le désigner : il l'appelle : « activité » (3), « propriété », « affection mercenaire qui vient d'un amour naturel de nous-mêmes » ; « attachement mercenaire aux dons de Dieu par un amour naturel de soi-même » (4).

C'est encore en partant de cette idée de la corruption de la nature humaine que l'on comprend la distinction qu'établissait Fénelon entre deux amours de Dieu : l'amour intéressé et le pur amour. L'amour intéressé,

---

(1) *Préface sur l'Instruction pastorale* donnée à Cambrai le 15 septembre 1697, n. 10 (*Œuvres*, t. XIX, p. 186). Voir aussi p. 183 : « Le grand dénouement... » ; et *Quietismus redivivus* ; *Œuvres*, t. XX, p. 1 et suiv.
(2) Voir par exemple, *Réponse à la déclaration*, n. 12 ; *Œuvres*, t. II, p. 333 ; *Première lettre, en réponse aux divers écrits... Œuvres*, t. II, p. 559-560.
(3) *Cinquième lettre en réponse aux divers écrits...* t. II, 611.
(4) *Instruction pastorale*, n. 3, 10, *Œuvres*, t. II, p. 289, 293, 300. Voir aussi *Instruction pastorale*, n. LXXIII (t. II, p. 326). V. en outre GOSSELIN, *Histoire littéraire de Fénelon* (*Œuvres de Fénelon*, t. I), p. 204-206, et notamment 206, 2e col. note 4 ; 233-234.

dit-il, est « un amour de charité qui est encore mélangé de quelque reste d'intérêt propre ». Le pur amour, au contraire, n'a aucun mélange du motif de l'intérêt propre... Ni la crainte du châtiment, ni le désir des récompenses n'ont plus de part à cet amour (1). »

Pour les docteurs catholiques, il y a quelque chose de bon en nous, et le dessein de Dieu est que nous le perfectionnions. Ainsi cet *intérêt propre*, ce désir de nous perfectionner en nous unissant à Dieu est bon en soi ; sous l'influence de la grâce, il devient surnaturel.

Pour Fénelon, il n'en est pas ainsi. Celui qui veut être parfait doit rejeter « la crainte des châtiments, le désir des récompenses », en tant que cette crainte et ce désir ont pour objet l'homme lui-même : il doit se débarrasser de tout ce qui est lui.

Comment pourrait-il en être ainsi si les éléments qui constituent l'homme étaient intacts, si son être tout entier n'avait pas contracté une souillure générale, qui doit nous faire renoncer à tout ce qui est en nous ?

C'est par là que s'expliquent aussi les expressions touchant l'indifférence au sujet de l'avancement spirituel et de l'exercice des vertus : « Dans l'état passif, dit-il, on exerce toutes les vertus distinctes, sans penser qu'elles sont vertus ; on ne pense, en chaque moment, qu'à faire ce que Dieu veut ; et l'amour jaloux fait tout ensemble qu'on *ne veut plus être vertueux pour soi,* et

---

(1) *Maximes des Saints,* p. 4, 10. Première proposition condamnée par Innocent XII.

qu'on ne l'est jamais tant que quand on n'est pas attaché à l'être. On peut dire en ce sens que l'âme passive et désintéressée ne veut plus même l'amour, *en tant qu'il est sa perfection et son bonheur*, mais seulement en tant qu'il est ce que Dieu veut de nous (1). »

L'on en arrive ainsi à l'abdication complète, absolue, de tout ce qu'il y a en nous.

Lorsque le *vieil homme* est ainsi anéanti, lorsque la nature mauvaise est complètement mise de côté, l'optimisme de Fénelon reparaît. Quand l'âme sera désappropriée, elle pourra, elle devra tout accorder aux mouvements, aux impulsions intérieures : car dès lors, ces impulsions n'ont plus rien d'humain, elles viennent directement de Dieu.

Comme Mme Guyon, Fénelon conseillera alors d'agir non pas selon son inclination propre, mais selon l'impulsion divine que l'on ressent en soi. Mme Guyon lui a dit : Il ne faut « rien ajouter ni ôter à ce que Dieu fait en vous (2) ».

Quelques mois après, Fénelon écrivait à Mme de Maintenon :

« Vous n'avez rien à faire que d'être simple, petite et souple, attendant le signal divin pour chaque chose, et

---

(1) *Maximes des saints*, p. 225-226. C'est la XVIIIe et la XIXe propositions condamnées par Innocent XII. Voir la défense de ces maximes dans *Réponse à la déclaration [des trois évêques]*, n° 25. *Œuvres* de Fénelon, II, 349-350.

(2) MASSON, *ouv. cité*, p. 232 (27 juillet 1689).

ne différer jamais par retour sur vous-même dès qu'il paraît ; tout se réduit là ; vous verrez que c'est la plus étrange *mort* de tout l'homme, et c'est dans la *perte de la volonté* qu'on laisse ainsi éteindre tous les restes de la *vie propre*... Il vous faut marcher en foi, comme Abraham, en dehors de toute route, et sans savoir où vous allez (1). »

Pour faire le bien, nous devons donc attendre la manifestation de la volonté de Dieu : « La liberté fondée sur le vrai renoncement à soi-même est un assujétissement perpétuel aux signes de la volonté de Dieu qui se déclare en chaque moment ; c'est une mort affreuse dans tous les détails de la vie, et une entière extinction de toute volonté propre, pour agir et ne vouloir que *contre la nature* (2). »

Par cette idée théologique de la corruption de l'homme déchu, Fénelon en arrive donc à un panthéisme pratique, venant se joindre au panthéisme théorique où le

---

(1) Th. LAVALLÉE, *Correspondance générale de M*^{me} *de Maintenon* Paris, 1866), t. III, p. 210.
(2) Fénelon à Mme de Maintenon, 26 nov. 1696. *Œuvres*, t. IX, p. 16.
— BOSSUET lui-même était assez pénétré de l'idée de la corruption de l'homme. (Voir, ci-dessus, p. 42) ; et, dès lors, de la nécessité pour nous d'être passifs sous l'impulsion de Dieu. Aussi, ne serait-il pas difficile de montrer qu'avant la controverse du quiétisme il était plus quiétiste que Fénelon. Voir, entre autres, M. CAGNAC, *Fénelon directeur de conscience* (Paris, 1907), p. 385 et suiv.
Mais à l'occasion de cette controverse, son naturel ainsi que son attachement à la tradition l'emportèrent sur sa théorie, et le ramenèrent à la nécessité de l'action.
En outre, il n'avait jamais été un partisan bien déclaré de la nouvelle philosophie et de la vision en Dieu, ce qui devait l'empêcher d'admettre l'acte continuel de contemplation et d'amour, qui est, comme l'on sait, la seconde face du quiétisme. V. ci-après, p. 81 et s.

poussent ses idées philosophiques sur la nature de l'homme (1) : après avoir détruit « l'ancien plan », le plan du vieil homme, il laisse Dieu pénétrer en lui, et se substituer complètement à lui.

L'idée de la perversion intégrale de la nature humaine, voilà donc le point de départ de Molinos, de Mme Guyon et de Fénelon, la raison première et principale de leur quiétisme. Cette idée, Molinos évidemment ne l'a puisée directement ni dans Luther, ni même dans les jansénistes, et pas davantage dans les littérateurs de l'époque : tous ces auteurs, il ne les avait certainement pas lus (2).

Mais cette idée, elle était partout alors. Il l'a prise dans les mystiques ses prédécesseurs immédiats, il a pu la prendre dans les prédicateurs et les moralistes ; en un mot, il l'a prise dans l'air ambiant.

Il faut en dire à peu près autant des quiétistes français. Il semble bien que pas plus que Molinos, Mme Guyon n'ait subi d'influence directe du protestantisme ou du jansénisme. Pour Fénelon, il est vrai, les relations que, de 1685 à 1687, il eut avec les protestants le prédisposèrent peut-être à accepter Mme Guyon comme directrice dans la voie de la spiritualité. Mme de Maintenon

---

(1) Voir, ci-après, p. et suiv.
(2) Nicole dit de lui, dans une pensée de dénigrement, il est vrai : « Sa science se bornait à quelques mystiques de son temps, où il avait lu quelques passages de saint Thomas et de l'auteur qu'on cite ordinairement sous le nom de saint Denis. » *Réfutation des principales erreurs des quiétistes*, 1695, préface.

enfin, qui vit d'abord le quiétisme d'un œil si favorable et qui aida à l'introduire à Saint-Cyr, était d'origine protestante. Toutefois ces causes n'auraient sans doute pas suffi à rendre Fénelon et Mme de Maintenon quiétistes, si autour d'eux il n'y avait eu une tendance générale à diminuer la valeur de la nature et des œuvres de l'homme déchu.

Et la prépondérance de cette tendance au XVIIe siècle est aussi la cause première et principale du succès de Molinos et du quiétisme : ce mouvement répondait à la conception pessimiste que le siècle avait de l'activité humaine.

CHAPITRE III

Second principe du quiétisme : La simplification de la vie de l'âme. L'ontologisme.

Le quiétisme répondait aussi à la seconde tendance qui caractérise le xvii⁰ siècle : la tendance à la simplification de la vie de l'âme.

A la conception catholique de la vie surnaturelle et de la vie mystique, Molinos, on l'a vu, en substituait une nouvelle : il faisait consister toute la religion dans un état d'union à Dieu par la contemplation et par l'amour. Par là, il simplifiait étrangement la vie religieuse.

Or, à des degrés divers, la tendance à la simplification de la vie de l'âme, nous la trouvons partout dans les théories de cette époque (1).

On la trouve d'abord, avons-nous vu, dans les théories de Luther et de Jansénius sur la justification et la vie spirituelle : pour Luther, tous les rapports de

---

(1) Lorsque je parle de théories du xvii⁰ siècle tendant à voir la vie de l'âme d'une manière trop simpliste, je n'oublie pas les fines études psychologiques que ce siècle nous a laissées. Il n'en reste pas moins que la spiritualité et la philosophie d'alors tendaient à ne mettre dans l'âme que des opérations purement spirituelles et des opérations spirituelles fort simplifiées.

Au xviii⁰ siècle, cette tendance porta ses fruits : un peu partout, elle engendra l'appauvrissement.

l'âme avec Dieu se réduisent à la foi ; pour Jansénius et Quesnel, à la charité.

C'est de Luther que Molinos se rapproche davantage (1).

Toutefois l'influence de Luther ne suffit pas, me semble-t-il, à expliquer ce qu'a de particulier la théorie de Molinos sur la contemplation. La foi de Luther est une confiance par laquelle nous nous disons que Dieu ne nous imputera pas nos fautes ; la contemplation de Molinos est une vue de Dieu, un sentiment d'union avec Dieu. La foi ou confiance de Luther s'appuie sur les mérites de Jésus-Christ ; la contemplation de Molinos oublie volontiers Jésus-Christ pour ne plus s'occuper que de Dieu.

La contemplation quiétiste a d'autres attaches. Elle a quelques ressemblances avec les descriptions de certains auteurs catholiques de l'époque. Dans son principal ouvrage, les *Discours de l'état et des grandeurs de Jésus,* le cardinal de Bérulle aime à concentrer toute son activité spirituelle dans la contemplation du Verbe (2). « Comme au ciel, c'est dans la lumière du Verbe que nous verrons toutes choses, c'est aussi en elle que dès cette terre il veut tout regarder (3). »

Dans l'Oratoire naissant s'accentua cette tendance à

---

(1) Ci-dessus, p. 48.
(2) *Discours de l'état et des grandeurs de Jésus,* dans *Œuvres,* 1644, p. 121-382.
(3) L'abbé M. Houssaye, *M. de Bérulle et les carmélites de France,* Paris, 1872, p. 16.

tout ramener à la contemplation du Verbe. Cette simplification de la vie spirituelle par la contemplation, je la trouve en particulier dans un petit livre du P. Claude Séguenot intitulé : *Conduite d'oraison pour les âmes qui n'y ont pas facilité* (1).

Ce petit livre renferme de fort belles pages. Il serait du reste très injuste de le représenter comme enseignant le laisser-aller quiétiste : souvent l'auteur dit que l'âme doit coopérer à l'action de Dieu en elle (2).

Pourtant, il contient la tendance quiétiste à l'anéantissement de notre activité. Le chapitre viii® a pour titre :

« D'une voie d'oraison où l'action de l'entendement et de la volonté n'est pas employée. »

« Il y a, dit Séguenot, une partie en notre âme qui nous est inconnue, et qui n'est nullement en notre puissance ; c'est le fond et l'essence de l'âme... Ce qui se passe en cet endroit nous est caché et inconnu... C'est là où se célèbrent les noces de l'Agneau, c'est là où s'accomplit l'union mystique, et cette insinuation de

---

(1) A Paris, chez Sébastien Huré, 1663. Né en 1596, le P. Séguenot entra à l'Oratoire en 1624 et mourut en 1676. De 1638 à 1613, il fut mis en prison par Richelieu pour un ouvrage où il soutenait la théorie de Saint-Cyran sur la nécessité de la contrition pour recevoir le sacrement de pénitence. En 1662 et 1663, il fut relégué à Boulogne pour ses idées jansénistes. Voir *Mémoires domestiques pour servir à l'histoire de l'Oratoire*, par P. Louis BATTEREL, publiés par A. M. P. Ingold et E. Bonnardet, Paris, 1903, t. II, p. 158-192. Dans ces *Mémoires*, le P. Batterel parle de l'ouvrage dont il s'agit ici. Il dit, d'après Moréri, que la première édition est de 1634. Batterel ne mentionne pas l'édition de 1663, dont l'exemplaire que j'ai consulté a été mis obligeamment à ma disposition par le P. Rouziès. C'est un in-24 de 251 pages.
(2) Par ex., p. 94, 106, 209 et suiv.

Dieu en l'âme que saint Denis a si doctement expliquée en la Théologie mystique... Quelquefois dans cette union, toute action est ôtée à la créature et elle est sans connaissance et sans amour qui subsiste en elle, mais Dieu opère, connaît et aime pour elle. Même, s'il est permis de le dire, Dieu est sa connaissance et son amour, il est sa puissance et son être (1). »

Notre être conscient doit donc viser à ne rien faire, à ne penser à rien, à n'aimer rien. Dans notre subsconcient, Dieu, sans du reste nous en avertir, pensera et priera pour nous.

C'est la conclusion qui semble ressortir de ce chapitre : avec des termes modernes, c'est une conclusion très quiétiste.

Et l'ouvrage de Séguenot contient aussi en substance les deux principes qui ont conduit Molinos à cette doctrine de l'anéantissement : la corruption irrémédiable de la nature déchue et la beauté de la contemplation continue.

On y trouve souvent l'idée qu'en nous tout est corrompu et mauvais : il faut se détacher de tout, dit-il : l'on peut trop s'attacher à la grâce elle-même (2). Les vertus chrétiennes et la grâce ne produisent en nous aucun effet sensible.

Ou si ces choses sont sensibles en leurs effets, c'est pour nous faire souffrir, car la grâce n'est faite que pour

---

(1) P. 59-63.
(2) P. 72-77.

crucifier le vieil homme et le détruire, non pour le flatter et le consoler. La raison de cette insensibilité est, d'autant que tout cela appartient à l'homme nouveau, à l'homme spirituel, à l'homme de Jésus-Christ, qui est fait et formé selon Dieu, et qui est par conséquent invisible et insensible comme Dieu, et comme Jésus-Christ glorieux et ressuscité, c'est-à-dire comme Jésus-Christ dans son état divin : invisible, dis-je, et insensible à l'homme extérieur et charnel issu du vieil Adam (1).

Par-dessus tout, l'on trouve dans cet ouvrage l'éloge fréquent d'une contemplation de Dieu, semblant tenir lieu de tout le reste.

Les anges dans le ciel ne disent qu'une seule parole, et la répètent toujours : *Sanctus, Sanctus, Sanctus ;* c'est là toute leur oraison ; et dans l'éternité ils ne sont occupés devant Dieu que de cette unique parole, par hommage à l'unique parole de Dieu dans l'éternité.
Parole unique de Dieu qui n'est autre que Jésus-Christ qui est la pensée et la parole du Père éternel, et qui devrait être aussi la nôtre pour jamais... Parole et pensée subsistante en la Divinité, et qui doit remplir elle seule les âmes des pensées divines, et d'elle-même qui est la plus divine pensée qui les puisse remplir (2).

Plus loin, Séguenot explique que l'âme d'oraison en arrive à ne plus voir

---

(1) P. 78-79. Voir aussi p. 80 et suiv.
(2) P. 7-8.

les choses que comme Dieu les voit, parce que Dieu est son œil, sa vue et sa lumière (1).

Et il ajoute :

Il y a bien de la différence entre cette manière de traiter les choses de Dieu, et celle (2) que nous avons expliquée auparavant qui est dans la lumière de la foi. Car celle-là regarde les choses selon tout ce qu'elles sont en elles-mêmes, mais celle-ci dont nous parlons maintenant les regarde comme Dieu les regarde et selon tout ce qu'il y voit. Or Dieu ne regarde les choses qu'en lui...
Oh ! que cette vue est pure, oh ! que ce regard est pur, oh ! que c'est voir les choses dignement, saintement, hautement que de les voir en Dieu, que de les voir dans la propre vue et lumière de Dieu, en la vue et lumière de qui elles sont véritablement plus qu'elles ne sont en elles-mêmes... C'est une bonne et excellente pratique, celle que l'on donne d'ordinaire de ne regarder que Dieu dans les créatures ; mais c'en est une plus haute et plus sainte de ne regarder la créature qu'en Dieu (3).

Dans ces passages et autres semblables je remarque, d'abord que lorsque Séguenot parle de Jésus-Christ, c'est sa nature divine qu'il aime surtout à considérer (4) ; ensuite que, pour lui, cette Pensée de Dieu, le Verbe de

---

(1) P. 40.
(2) Dans l'ouvrage il y a *celles*, mais le contexte montre que c'est une faute d'impression.
(3) P. 41-43.
(4) Il n'est que juste d'ajouter qu'ailleurs il parle aussi du culte à rendre à l'humanité de Jésus-Christ : p. 178-194 ; 242-248.

Dieu doit être aussi notre pensée, et que cette pensée doit nous tenir lieu de tout. Comme le dit l'abbé Houssaye, l'historien du Cardinal de Bérulle, « Séguenot enseigne aux âmes à ne proférer dans l'oraison qu'une parole, celle que le Père profère éternellement (1). »

Le philosophe scolastique dirait : Sans doute, l'objet de la pensée de Dieu, des anges et de l'homme est finalement le même, à savoir Dieu. Mais la manière dont Dieu, l'ange et l'homme connaissent cet objet est différente.

Séguenot, au contraire, tend à confondre ces trois modes de pensée. Sans doute, il traite de l'intelligence élevée à l'état surnaturel. Mais les raisons qu'il donne valent aussi bien pour les connaissances de l'ordre naturel.

En sorte qu'en le lisant, l'on croirait déjà lire, non seulement Malaval et Molinos, mais Malebranche.

※

Le cardinal de Bérulle était le directeur spirituel de Descartes, et il l'encouragea dans son projet d'une réforme philosophique (2). Séguenot vécut avec Malebranche à Paris pendant plusieurs années (3). Par leur

---

(1) L'abbé Houssaye, *M. de Bérulle et les carmélites de France*. Paris, 1872, p. 50.
(2) L'abbé Houssaye, *M. de Bérulle et les carmélites de France*. Paris, 1872, p. 67, etc; *Le cardinal de Bérulle et le cardinal de Richelieu*. Paris, 1875, p. 382 et suiv.
(3) Séguenot vécut à Paris de 1663 à 1676 : Batterel *Mémoires*, t. II, 1903, p. 192 ; — Malebranche, de 1661 jusqu'à sa mort : Batterel, *Mémoires*, t. IV, 1905, p. 325.

influence personnelle, comme par leurs écrits, les membres de l'Oratoire naissant nous amènent donc à la philosophie de Descartes et de Malebranche.

Nous en arrivons ainsi à une dernière simplification dans la manière dont le XVIIe siècle se représenta la vie de l'âme : celle qu'y a introduite la philosophie de cette époque.

Pour achever de comprendre le quiétisme, l'on a intérêt à le comparer à cette philosophie nouvelle. C'est cette philosophie, en particulier, qui nous explique le mieux l'état de contemplation continue selon les quiétistes.

Quand on lit les différences qui séparent sur ce point la mystique des quiétistes de celle des auteurs catholiques (1), une objection se présente naturellement à l'esprit : les deux écoles admettent que l'on peut s'unir à Dieu par la contemplation ; mais pour saint Bernard et les autres auteurs mystiques approuvés par l'Eglise, cette contemplation n'est qu'exceptionnelle ; pour Molinos et les quiétistes, au contraire, le chrétien peut et doit tendre à la rendre fréquente, continue. La distinction entre les deux théories n'est-elle donc qu'une affaire de plus ou de moins, qu'une affaire de degré ?

Eh bien, non ! Il y a là deux manières fort différentes de comprendre la nature de l'homme, et par là même, les relations de l'homme avec Dieu : il y a là deux psychologies venant de principes opposés.

(1) Voir, ci-dessus, p. 17 et suiv.

A la doctrine des anciens mystiques correspond une psychologie assez bien déterminée, la psychologie qu'au xiiie et au xive siècle, avec des nuances, ont élaborée saint Thomas d'Aquin, saint Bonaventure et Duns Scot.

La psychologie du moyen âge considère l'homme comme un tout formant une unité. Pour elle, c'est l'âme qui anime le corps; c'est l'âme qui donne à la matière la force de vivre, de se nourrir, de grandir, de se reproduire; c'est elle qui, par les sens extérieurs, entre en communication avec les objets étendus, elle qui, par les sens intérieurs, emmagasine et développe ces données.

De ces données, l'âme abstrait l'immatériel : les idées de montagne, d'arbre, de cheval ; puis elle remonte à des idées générales : idées d'un, de vrai, de beau, de bien, d'infini.

Ce n'est pas directement que d'ordinaire l'âme parvient à la vérité : il n'y a que quelques principes qu'elle perçoit de cette manière. En général, elle arrive au vrai par la voie discursive, par la voie du raisonnement. De là, la grande estime en laquelle cette psychologie tient le syllogisme. Elle ne prétend même pas que l'âme voit Dieu directement: pour elle c'est par un raisonnement, rapide sans doute et comme intuitif, mais très réel pourtant, que nous montons vers lui : à la contingence, à la passivité que nous constatons partout, en nous et autour de nous, nous sentons qu'il doit correspondre un Etre nécessaire, une Activité infinie ; nous remontons ainsi à l'Etre par excellence, qui a créé les choses et qui leur a imprimé le mouvement, qui continue de les diriger et vers lequel elles doivent tendre.

Enfin, même quand nous sommes parvenus à la possession de l'immatériel, nous ne le saisissons pas, d'ordinaire au moins, dépouillé de toute forme individuelle et sensible : pour se représenter l'unité, l'âme a besoin de voir par l'imagination un être en particulier, un homme, une nation ; pour se représenter la vérité, elle a besoin de se rappeler une chose vraie, tel axiome d'arithmétique ou de géométrie.

Or, en nous élevant à l'état surnaturel, Dieu ne détruit pas notre nature.

Aussi, je trouve d'abord une harmonieuse relation entre la théologie morale et la psychologie scolastique.

L'âme et le corps ne font qu'une seule et même substance ; le corps sert à l'âme, il lui sert pour l'acquisition des idées et le déploiement de toute son activité.

Dès lors, l'on comprend que dans l'homme tout obéisse à l'âme : il y a un seul être, il doit y avoir une loi unique de développement. Cette loi, ce sera la subordination de toute notre activité consciente à notre fin raisonnable, qui est de tendre vers Dieu.

Cette psychologie nous montre dans l'homme tout un petit monde de facultés : sens extérieurs et intérieurs, sensibilité, intelligence, volonté. Dans ces facultés, Dieu mettra des énergies surnaturelles correspondantes : vertus cardinales et théologales. Voilà donc les vertus dont nous parle la théologie morale et l'ancienne mystique. Voilà la vie chrétienne placée dans l'exercice de ces vertus, et non dans un acte unique de contemplation. Suivant l'expression de Bossuet, elle aura « des branches, des feuilles et des fruits » (1).

Même harmonieuse relation entre les théories mystiques orthodoxes et la psychologie du moyen âge.

Pour le philosophe scolastique, ce n'est pas directement que, d'ordinaire, mon intelligence voit la vérité, ni Dieu lui-même. Ainsi, dans l'état surnaturel, ce sera par la voie de la foi que d'ordinaire nous irons vers Dieu. Or, par la foi, j'adhère sans doute à la parole de Dieu, je tends vers Dieu, mais sans avoir la perception de Dieu : ce dont j'ai intimement conscience, c'est uniquement de mon acte d'adhésion à la parole révélée ; mon acte de foi n'est pas un acte de contemplation.

Il n'y a que les intelligences d'élite qui saisissent l'immatériel pur, et elles ne le saisissent même qu'avec effort. Ainsi, ce ne sera que par exception que Dieu nous favorisera de l'union mystique, de la contemplation, de visions intellectuelles. Et comme la volonté

---

(1) *Instruction sur les états d'oraison. Premier traité,* l. III, n. 21, édition Lachat, t. XVIII, p. 444.

suit l'intelligence, nous ne serons pas plus dans un état permanent d'amour de Dieu que dans un état permanent de contemplation de Dieu.

Voilà donc l'union mystique et les faveurs qui y sont d'ordinaire attachées devenues exceptionnelles, et par conséquent la spiritualité ordinaire distinguée de cette union.

Au xviie siècle apparaît dans la philosophie une nouvelle théorie sur la nature de l'homme et l'origine de nos connaissances, théorie toute différente de celle du moyen âge.

Descartes détruit l'unité du composé humain. Pour lui et ses disciples, l'âme et le corps sont deux substances ayant chacune leur vie propre et dont il est très difficile d'expliquer la juxtaposition. Du reste le corps lui-même, sommes-nous certains qu'il existe ? De plus en plus, la philosophie du xviie siècle se prendra à en douter. Ce n'est qu'à cause de la révélation que Malebranche croira à l'existence des corps en général et du corps humain en particulier, et Berkeley finira par conclure à un idéalisme absolu.

Dans leur conception de l'origine de nos idées, les philosophes de ce siècle tendent à une extrême simplification. Sur ce point pourtant capital, Descartes est hésitant : tantôt il semble affirmer en nous la présence d'idées innées, tantôt il affirme seulement l'innéité de nos facultés intellectuelles. Mais, ici comme ailleurs, il est certain du moins que son système va à isoler l'âme du corps : plus d'ascension du matériel à l'immatériel : c'est sans le secours du corps que l'âme acquiert ses idées ; et pour voir ces idées elle n'a pas besoin de représentations fournies par une imagination organique.

Il est bon de remplacer le raisonnement par l'intuition : de là le mépris des Cartésiens pour le syllogisme.

Dans Descartes, l'idée de Dieu n'est peut-être pas encore une intuition immédiate de Dieu, ni Dieu lui-même (1). Mais Geulincx, et surtout Malebranche franchissent cette dernière étape. Pour eux, l'idée d'in-

---

(1) Il nous est impossible de nous étendre sur chacune des affirmations que nous énonçons ici. En général, nous nous sommes inspiré de Bouillier, *Histoire de la philosophie cartésienne*, Paris, 1868, 3ᵉ éd. Mais nous devons rappeler que, sur beaucoup de points, il y a de grandes divergences dans la manière de comprendre Descartes. Et l'un des points les plus discutés est de savoir comment, selon lui, nous connaissons Dieu. Bouillier dit à ce sujet : « D'après Descartes, l'idée de Dieu n'est, comme toutes les autres, qu'un produit naturel de notre entendement. Il faut bien se garder d'attribuer à Descartes ce qui n'appartient qu'à Malebranche. » T. I, p. 109, passim.

Oui, cette conclusion découle de la *troisième méditation* : Descartes y prouve Dieu par l'idée d'infini *qui est en nous* : « Il est impossible, dit-il, que l'idée de Dieu qui est en nous n'ait pas Dieu même pour sa cause. » *Abrégé des six Méditations suivantes*, dans *Œuvres de Descartes*, édition Adam et Tannery, Paris, 1904, t. IX, p. 11.

Mais dans la *Cinquième Méditation*, Descartes va plus loin. Il y développe la preuve ontologique de l'existence de Dieu. Dans l'idée d'infini est comprise l'idée d'existence. Or, dit-il, c'est cet infini, l'Infini vivant, que nous voyons en premier lieu : « Pour ce qui est de Dieu, si mon esprit n'était prévenu d'aucuns préjugés, et que ma pensée ne se trouvât point divertie par la présence continuelle des images des choses sensibles, il n'y aurait aucune chose que je connusse plus tôt ni plus facilement que lui. » *Cinquième Méditation*, p. 54-55. Malebranche n'a rien dit de plus.

Or, dans la suite, c'est vers les vues de cette *Cinquième Méditation* que Descartes inclina de préférence. Voir, par ex., *Principiorum Philosophiæ* pars prima, n. 13, 14, 16, t. VIII, p. 10-11, et la traduction française, t. IX, p. 30-32.

fini est innée en nous, et cette idée, c'est l'idée de l'Infini vivant, c'est Dieu lui-même. Notre âme voit Dieu constamment, et en lui, elle voit tout : « Fils de Descartes et de Bérulle, Malebranche salue, avec saint Jean, dans le Verbe de Dieu la lumière de notre raison et le soleil de notre foi (1). »

Tout notre développement intellectuel doit donc consister à nous dégager des sens extérieurs, à nous dégager de l'imagination, à bien voir l'Etre infini qui est le seul objet de notre pensée. Il n'y a pour nous qu'un acte vraiment convenable, un acte vraiment humain : l'acte de contemplation de Dieu (2).

Et cet acte doit être permanent. Car l'essence de l'âme est de penser : l'âme ne saurait cesser de penser sans cesser d'être.

Enfin, pour cette école, Dieu n'est pas seulement l'unique Etre vraiment intelligible : il est l'unique Etre vraiment agissant. Dans les êtres créés, autrement dit dans les causes secondes, Malebranche ne voit que des causes occasionnelles. Pour toute notre activité, comme pour la lumière de notre intelligence, nous ne sommes donc unis « directement qu'à Dieu » (3).

(1) L'abbé Houssaye, *M. de Bérulle et les carmélites de France*, Paris, 1872, p. 50. (J'ai interverti quelques mots dans la citation.) Houssaye renvoie à la préface des *Entretiens sur la métaphysique et la religion*, où, en effet, Malebranche défend longuement sa théorie de la vision en Dieu. Cette préface n'est pas reproduite dans l'édition Genoude, de 1837.
(2) Au xix° siècle, l'on a donné à cette théorie le nom d'ontologisme.
(3) Malebranche. *Entretiens sur la métaphysique et sur la religion*, Paris, 1696, t. I, préface, vers la fin.

Aussi avec Spinoza cette philosophie aboutit au panthéisme. Malebranche a peine à se garantir de conclure dans le même sens.

Il est impossible de n'être pas frappé de la ressemblance de cette philosophie avec la spiritualité et la mystique de Molinos.

La distinction substantielle entre l'âme et le corps était de nature à mener au mépris de l'activité extérieure, au point même de laisser le corps aller de son côté, c'est-à-dire au point de lui permettre des actes immoraux.

Sans doute Descartes ni Malebranche, ni les autres philosophes partisans de ce dualisme n'ont enseigné cette conclusion pratique. Mais la dépendance où ils maintiennent le corps par rapport à l'âme, est-elle bien logique ?

Le corps et l'âme ne sont plus deux pièces d'un même tout : ils sont deux alliés. Or, dans toute alliance, chacune des parties garde une certaine liberté d'allures. Pour tous les actes qui lui sont propres, on laissera donc le corps se soustraire à la direction de l'âme. Si ce corps avait été facile à diriger, l'on n'eût pas sans doute si vite songé à cette conclusion. Mais il est si incommode, si facilement rebelle ! L'idée qu'il n'était qu'un lointain allié de l'âme, comme le dit toute la philosophie du xvıı^e siècle, qu'il n'avait qu'une existence mal définie, comme le dit Malebranche, était particulièrement propre à permettre de conclure que, lorsqu'il gênait l'âme dans sa quiétude et sa douce contemplation de Dieu, on pouvait le mettre de côté, et le laisser aller à la dérive.

De plus, comment le corps ferait-il pour obéir à l'âme? Il n'est qu'un pur automate, une machine composée d'os, de nerfs, de muscles, de veines, de sang et de peau. Comment cette machine aux ressorts aveugles pourrait-elle subir l'impulsion de l'âme, comment l'âme se reconnaîtrait-elle responsable de ces mouvements mécaniques?

Il y a donc connexion entre la philosophie du XVIIe siècle sur la nature du corps humain et la conclusion quiétiste sur la morale ; il y a connexion aussi entre la théorie des causes occasionnelles et la théorie quiétiste d'une passivité générale sous l'action de Dieu. Dès lors que Dieu fait absolument tout en nous, notre empressement à vouloir agir est non seulement illusoire, mais mauvais : c'est la nature humaine qui veut se substituer à Dieu.

Notre perfection doit consister à attendre et à recevoir l'impulsion divine.

Enfin, il y a surtout une connexion saisissante entre la théorie de la connaissance d'après Malebranche et la théorie quiétiste de l'état de contemplation et d'amour de Dieu ; l'acte de contemplation de Molinos, c'est la vision en Dieu de Malebranche dans l'ordre surnaturel.

Et le rapprochement des dates est fort suggestif aussi :

C'est en 1675 que parut la *Guide spirituelle* de Molinos.

C'est en 1674 qu'avaient paru les trois premiers livres de sa *Recherche de la vérité*, de Malebranche ; et en 1675 que parut l'ouvrage entier (1).

Ainsi dans le quiétisme et la philosophie du XVIIe siècle, c'est la même simplification de la vie de l'âme : les deux théories séparent l'âme des choses extérieures et du corps; toutes deux ne reconnaissent aux créatures qu'une activité apparente, et toutes deux donnent à l'homme la vision continue de Dieu.

*
* *

Chez Fénelon je trouve à la fois et les théories philosophiques allant à favoriser le quiétisme, et le quiétisme lui-même.

---

(1) En 1699, Faydit fit paraître un opuscule intitulé *la Presbytéromachie ou lettre théologique, à M** la Marquise de ***, sur le combat de deux prêtres, Molinos et Mallebranche, où l'on fait voir que les illusions de ce dernier sont aussi pernicieuses que celles du premier.* Bib. nationale, D. 60443 ; in-16 de 44 p.
Dans cet opuscule, Faydit, disputeur comme toujours, montre que Malebranche a enseigné des erreurs bien plus grandes que celles de Molinos ; mais au lieu de comparer Malebranche à Molinos, il les oppose presque constamment l'un à l'autre : Malebranche n'admet que des lois générales, Molinos, que des volontés particulières de Dieu sur chacun de nous ; Malebranche met l'humanité de Jésus-Christ au-dessus de Dieu, Molinos dit que le parfait ne doit plus s'occuper de cette humanité ; Malebranche met en Dieu l'inaction, l'état passif que Molinos s'était borné à mettre dans l'homme (p. 1-28). Il n'y a qu'un point de ressemblance entre les deux : comme Molinos, Malebranche « ôte la liberté et l'action à l'âme » : « Tu me reproches, dit Molinos à Malebranche, d'ôter la liberté et l'action à l'âme, et de la réduire, comme Luther, à un état purement passif et d'en faire une souche. Hé, grand Dieu ! à qui doit-on plutôt faire ce reproche qu'à toi, qui soutient à cor et à cri qu'il n'y a point de causes secondes, qu'on ne les devrait pas souffrir dans les écoles chrétiennes, que nulle créature a la moindre efficace propre, qu'il n'y a point d'autre cause réelle et physique que Dieu ». Ainsi dans ce curieux opuscule, Faydit n'a censément pas touché aux points que nous traitons ici.

Fénelon était fort éloigné de la scolastique. Il avait pour elle le même mépris que pour l'architecture gothique.

Pour lui, l'union de l'âme et du corps « n'a rien de naturel », car « leurs natures sont dissemblables en tout ». Aussi quand l'homme meurt, « l'âme, loin d'être anéantie par cette désunion qui ne fait que la remettre dans son état naturel, est alors libre de penser indépendamment de tous les mouvements du corps, de même que je suis libre de marcher tout seul, comme il me plaît, dès qu'on m'a détaché d'un autre homme avec lequel une puissance supérieure me tenait enchaîné »(1).

Sans doute, cette théorie de la disjonction de l'âme et du corps n'a pas entraîné Fénelon à des conclusions fâcheuses à l'endroit de la morale (2); mais elle a évidemment quelque liaison avec ses idées sur la vision en Dieu, et par là même sur l'état de pur amour (3).

Fénelon admet les causes occasionnelles.

« Le premier être est la cause de toutes les modifications de ses créatures. L'opération suit l'être, comme disent les philosophes. L'être qui est dépendant dans le fond de son être, ne peut être que dépendant dans toutes ses opérations. L'accessoire suit le principal. L'auteur du fond de l'être l'est donc aussi de toutes les modifications ou manières d'être des créatures. C'est ainsi que

---

(1) *Lettres sur la Religion*, lettre II, ch. II, n. 2 et 3 (*Œuvres*, t. II, p. 106-107).
(2) V., ci-dessus. p. 26.
(3) V., ci-après, p. 97 et suiv.

Dieu est la cause réelle et *immédiate* de toutes les configurations, combinaisons et mouvements de tous les corps de l'univers : c'est à *l'occasion* d'un corps qu'il a mu qu'il en meut un autre : c'est lui qui a tout créé, et c'est lui qui fait tout dans son ouvrage (1). »

Déjà la théorie de notre corruption l'avait amené à conclure que nous devions être tout passifs sous l'action de Dieu ; la théorie des causes occasionnelles ne pouvait évidemment que le confirmer dans cette conclusion.

Enfin, et c'est ce dernier point qui nous importe le plus ici, Fénelon était pour la théorie de la vision en Dieu.

Sans doute il était pour ce que l'on appelle un ontologisme mitigé : ce qu'il disait que l'âme voit en Dieu, ce n'étaient pas les existences contingentes, c'étaient seulement les idées générales. Mais pour ces idées générales il admettait que notre intelligence communiquait directement et constamment avec l'intelligence divine (2).

Nous avons deux lumières, deux raisons pour nous diriger : notre raison, qui est en nous, et la raison universelle, ou intelligence divine, à laquelle notre raison doit se conformer.

---

(1) *De l'existence de Dieu*, Ire partie, ch. II, n. 65. Voir aussi *Lettres sur la Religion*, lettre II, ch. II, n. 2 et 3 (*Œuvres*, t. I, p. 106). Il y parle « d'une espèce de concert ou rapport mutuel entre la pensée de l'âme et les mouvements du corps ».
(2) Voir par exemple : *De l'existence de Dieu*, Ire partie, chap. II, n°s 51-60 ; IIe partie, chap. IV, n. 57 et suiv.
Autres références dans P. VALLET, *Histoire de la Philosophie*, p. 428.

« Ainsi ce qui paraît le plus à nous, et être le fond de nous-mêmes, je veux dire notre raison, est ce qui nous est le moins propre et ce qu'on doit croire le plus emprunté. Nous recevons sans cesse et à tout moment une raison supérieure à nous, comme nous respirons sans cesse l'air qui est un corps étranger, ou comme nous voyons sans cesse tous les objets voisins de nous à la lumière du soleil, dont les rayons sont des corps étrangers à nos yeux (1) ».

Bref, de même que Malebranche, Fénelon parvient difficilement à éviter des conclusions panthéistes.

L'ontologisme de Fénelon achève de nous expliquer son quiétisme (2).

D'abord, il lui fournissait, me semble-t-il, ce que j'appellerai une tentation de plus de tomber dans la théorie du désintéressement.

Fénelon va au delà des créatures. Il passe par-dessus les sens et toutes les sensations.

Il passe par-dessus l'imagination, par-dessus toutes les vues qu'elle nous rappelle ou qu'elle nous suggère.

---

(1) *De l'existence de Dieu*, I⁺ᵉ part., chap. II, n. 56 (*Œuvres*, t, 27-28).
(2) Il serait intéressant d'établir sur ce point un parallèle entre Malebranche et Fénelon. Malebranche était pour la vision en Dieu, et il combattit la doctrine du pur amour. Mais, pour lui, « la crainte de Bossuet fut peut-être le commencement de la sagesse ». Et il convient sans doute de méditer à ce sujet cette phrase curieuse que l'on trouve à la fin de son *Traité de l'Amour de Dieu* : « Il ne faut pas s'imaginer que tout ce que dit un auteur, ce soit véritablement son sentiment. Car on dit bien des choses par préjugé ou sur la foi des autres, et parce qu'elles paraissent d'abord vraisemblables, surtout quand ce qu'on dit ne regarde qu'indirectement le sujet qu'on traite ». (Edit. Genoude et Lourdoueix, 1837, t. II, p. 254).

Il passe par-dessus la raison et tout ce qui s'appuie sur le raisonnement.

Il arrive aux idées éternelles : le vrai, le beau, le bon, les principes généraux de la connaissance, les prototypes de toutes choses.

Il arrive à Dieu, l'Etre infini, l'Absolu vivant.

C'est là qu'elles vivent, ces idées générales, ces prototypes des êtres qui composent l'univers ; c'est là qu'elles ont leur raison définitive.

C'est là, dans cet Etre infini, que Fénelon les voit tout d'abord.

Il s'y voit lui-même, il y voit, dis-je, le prototype de son être, cette idée de lui que Dieu a eue en soi de toute éternité.

Et de même que c'est en Dieu qu'il les voit tout d'abord, ainsi c'est tout d'abord en Dieu qu'il les *aime*. C'est dans cette merveilleuse unité qu'il commence à s'intéresser à toutes choses et à lui-même.

Puis tout ébloui, tout enivré de cette vision de Dieu, de cet amour de Dieu, il descend sur la terre. Dans la broussaille des créatures, dans le brouillard du fini, il s'aperçoit.

Il voit ce petit être dont il a vu le prototype en Dieu. « C'est moi, » semble-t-il dire avec le désintéressement de l'aristocrate et du neurasthénique désenchanté, avec cette sensation de dédoublement à laquelle sont sujets certains organismes faibles, facilement envahis par le subconscient.

Il voit que cet être a ses lois : la principale, c'est d'être capable de l'infini : son intelligence conçoit l'infini ; son cœur, sa volonté doivent tendre vers l'infini.

Il visera donc à donner à cet être, c'est-à-dire à lui-même, ce perfectionnement qui lui est dû.

Mais il peut avoir deux grands motifs de viser à ce perfectionnement : « *la charité,* ou tout amour de l'ordre considéré en lui-même », « la cupidité, ou tout amour particulier de nous-même (1). »

Il est évident que le premier motif est le plus noble. Le second, la pensée de son être, du développement de son être, c'est un amour vulgaire, plébéien, un *amour d'intérêt propre.*

Fénelon s'est d'abord vu en Dieu comme un étranger, et il s'y est aimé comme un étranger.

Mais il lui répugne de s'intéresser à lui par cette autre considération que ce petit être c'est lui-même, et que, dès lors, il est porté vers lui par un *intérêt propre.*

Aussi, l'homme parfait peut et doit sacrifier une attache à lui-même qui vient d'une vue mesquine sur lui-même ; mais il ne doit ni ne peut sacrifier la vue et l'amour par lesquels il se voit et il s'aime en Dieu : « L'âme désintéressée s'abandonne totalement et sans réserve à Dieu pour tout ce qui regarde son intérêt

---

(1) *Maxime des Saints,* p. 7 ; *Instruction pastorale* n. 9 (*Œuvres,* t. II, p. 292).

propre, mais elle ne renonce jamais ni à l'amour ni à aucune des choses qui intéressent la gloire et le bon plaisir du bien-aimé... Cette abnégation de nous-mêmes n'est que pour l'intérêt propre, et ne doit jamais empêcher l'amour désintéressé que nous devons à nous-mêmes comme au prochain pour l'amour de Dieu (1). »

L'ontologisme de Fénelon explique mieux encore sa théorie d'un état continuel d'amour de Dieu.

L'homme, dit-il, doit aimer Dieu de toute son âme.

Mais cette âme voit Dieu constamment.

Or notre amour suit notre idée : nous aimons ce que nous voyons être aimable.

Puisque c'est constamment que nous voyons Dieu, c'est donc constamment aussi que nous devons l'aimer : la perfection consiste dans un *état continuel de pur amour*.

C'est dans cette vue et cet amour de Dieu que d'une manière très pieuse, très suave, très aristocratique, Fénelon se retirera comme dans un donjon ; que ce fatigué, ce neurasthénique s'en ira comme dans une de ces maisons de repos situées sur les hauts plateaux, où il n'entendra plus ni le bruit, ni les altercations du monde. De ce sommet, il verra au loin les plaines tout obscurcies, déformées et opprimées par les nuages, je veux dire l'homme terrestre avec ses sens, son imagination, ses raisonnements, l'homme terrestre se prenant mesquinement comme le terme de ses préoc-

(1) *Maximes des Saints*, p. 72-73.

cupations. Fénelon aime mieux regarder en haut pour y voir le Ciel avec son azur immaculé, c'est-à-dire l'Etre par excellence, sans limites et sans lacunes, qui doit être le seul objet véritable de sa contemplation et de son amour.

Fénelon, objectera-t-on, rejette l'acte continu de contemplation, de Molinos : il rappelle « saint Bernard, sainte Térèse et le bienheureux Jean de la Croix, qui bornent, sur leurs expériences particulières, la pure contemplation à une demi-heure, pour faire entendre qu'on doit toujours supposer qu'elle a des bornes (1). »

Après la condamnation de Molinos (2) Fénelon ne pouvait que réprouver l'acte de contemplation continue. Mais, en le rejetant, était-il bien conséquent avec deux de ses théories, sa théorie philosophique de la vision en Dieu, et sa théorie mystique de l'état d'amour de Dieu ? Si dans l'ordre naturel nous voyons Dieu constamment, comment la perfection de la vie surnaturelle pourrait-elle ne pas consister dans une vue permanente de Dieu comme auteur de l'ordre surnaturel ? Et si l'homme parfait vit dans un état continuel d'amour de Dieu, comment cet état d'amour ne suppose-t-il pas un état analogue de vision ?

Il semble que pour s'accorder avec les déclarations des anciens mystiques, Fénelon mettait des degrés dans

---

(1) *Maximes des Saints*, p. 186. Voir aussi *Œuvres*, II, 365 (*Réponse à la déclaration*, n° XXXVIII); 589 (*Troisième lettre en réponse aux divers écrits*, seconde partie : Sur la Contemplation).
(2) Prop. 23-25.

la manière dont l'âme parfaite voyait Dieu. Ce n'était que transitoirement qu'elle jouissait de la contemplation de Dieu ; mais d'une manière habituelle, elle avait de lui une vision, une sensation confuse, la mettant dans un état correspondant d'amour. Et du reste les actes de contemplation du parfait étaient si fréquents qu'ils finissaient par sembler être un acte continu.

« La contemplation consiste dans des actes si simples, si directs, si paisibles, si uniformes, qu'ils n'ont rien de marqué par où l'âme puisse les distinguer (1)... »

Fénelon lui-même avait assez nettement conscience de cette corrélation entre la philosophie et les théories de spiritualité et de mysticisme.

J'en trouve une preuve dans son commentaire du XXIVe article d'Issy. Il y explique ce qu'il faut entendre par la contemplation passive.

Cette contemplation est une grâce, dit-il, mais elle n'est pas miraculeuse. « Il est vrai, ajoute-t-il, que plusieurs mystiques ont supposé que cette contemplation était miraculeuse, parce qu'on y contemple une vérité qui n'a point passé par les sens et par l'imagination. Il est vrai aussi que ces mystiques ont reconnu un fonds de l'âme qui opérait dans cette contemplation sans aucune opération distincte des puissances. Mais

---

(1) *Maximes des Saints*, p. 166. Voir aussi p. 257, et la citation de la page qui va suivre ; Bossuet, *Sommaire des Maximes des Saints*, XII ; *Œuvres*, t. XIX, p. 488.

ces deux choses ne sont venues que de la philosophie de l'école, dont ces mystiques étaient prévenus (1). Tout ce grand mystère s'évanouit, dès qu'on suppose avec saint Augustin que nous avons sans miracle des idées intellectuelles qui n'ont point passé par les sens, et quand on suppose d'un autre côté que le fond de l'âme n'est point réellement distingué de ses puissances. Alors toute la contemplation passive se réduit à quelque chose de très simple et qui n'a rien de miraculeux. C'est un tissu d'actes de foi et d'amour si simples, si directs, si paisibles et si uniformes qu'ils ne paraissent plus faire qu'un seul acte, ou même qu'ils ne paraissent plus faire aucun acte, mais un repos de pure union... De là vient que les uns, comme saint François d'Assise dans son grand cantique, ont dit qu'ils ne pouvaient plus faire d'actes ; et que d'autres, comme Grégoire Lopez, ont dit qu'ils faisaient un acte continuel pendant toute leur vie (2). »

Dans une page inédite de Fénelon, je trouve un autre parallèle entre la philosophie et les théories mystiques (3).

Cette page est tirée d'une première esquisse des *Maximes des Saints,* esquisse manuscrite conservée au

---

(1) Il faut remarquer qu'on peut admettre la philosophie de l'Ecole sans regarder la contemplation comme miraculeuse.
(2) *Maximes des Saints,* p. 200-202.
(3) Je dois cette page à l'amabilité de M. Lévesque : tous ceux qui travaillent sur ces matières ne savent que vanter le plus en lui de sa science ou de son amabilité.
M. Levesque cite deux phrases de ce texte dans la *Revue Bossuet,* VI° supplément (25 déc. 1907), p. 160.

Séminaire de Saint-Sulpice (1). Aujourd'hui, le livre des *Maximes* est divisé en quarante-cinq articles. Primitivement, Fénelon avait pensé suivre les « trente-quatre articles d'Issy ». Cette page était destinée à expliquer l'article premier. C'est sans doute par prudence que Fénelon n'osa pas l'insérer dans son œuvre définitive.

Articles sur les Etats d'oraison:

Art. I. — Tout chrétien en tout état, quoique non à tout moment, est obligé de conserver l'exercice de la foi, de l'espérance et de la charité, et d'en produire des actes, comme de trois vertus distinguées.

« Pour l'amour, on ne trouvera aucun spirituel qui puisse douter de son exercice dans une vie qui ne doit être que pure charité. Il ne peut donc rester de difficultés que sur l'espérance. »

« J'avoue qu'on a de la peine à l'accorder avec le pur amour, si on n'a point d'autres idées de l'espérance que celle qui nous est donnée par saint Thomas, et après lui par la plupart des scolastiques. Ils veulent que l'espérance soit un désir d'obtenir pour soi de la bonté de Dieu un bien difficile et douteux à acquérir. Comme ils disent qu'espérer, c'est désirer pour soi, ils attachent l'espérance à l'amour intéressé qu'ils appellent amour de concupiscence, et ils l'excluent du parfait amour, qui

---

(1) Gosselin, *Histoire littéraire de Fénelon*, dans *Œuvres* de Fénelon I, p. 54, § III, n. II.

est le désintéressé, et auquel ils donnent le nom de charité ou d'amour d'amitié. Il est aisé de voir par là combien l'école met l'amour désintéressé au-dessus du mercenaire. Il y a beaucoup de théologiens qui voulant expliquer en quoi consiste le commencement d'amour qu'ils croient nécessaire dans le sacrement de pénitence, disent que c'est un amour intéressé, qui est de concupiscence comme la crainte, et ils supposent que cet amour ne suffirait pas seul sans le sacrement pour garantir un homme de l'enfer. »

« Pour moi, je ne suis pas de ce sentiment, et je ne le rapporte que pour montrer combien l'école met la charité pure et désintéressée, au-dessus de l'amour mercenaire ou de concupiscence. Il est vrai qu'il reste à examiner comment l'espérance qui est intéressée, suivant l'idée qu'en donne l'école et qu'elle nomme de concupiscence, peut s'accorder avec l'amour d'amitié. Ce n'est pas une difficulté qui regarde particulièrement les spirituels, elle regarde l'école entière. Les spirituels sans s'en embarrasser n'auront qu'à suivre les théologiens catholiques. J'en ai trouvé beaucoup (1), qui ne craignent pas de dire que l'espérance étant intéressée, elle ne peut compatir avec la pure charité, que le désir des biens éternels sans aucun intérêt propre n'est plus un

---

(1) Fénelon aurait eu de la peine à trouver des noms pour remplir les cadres de ses affirmations globales. Mais on n'a pas le droit de le chicaner sur une esquisse qu'il n'a pas voulu publier. Toute cette première page semble du reste quelque peu gênée : la suivante est plus claire et c'est elle surtout qui importe à notre sujet.

acte d'espérance, mais un acte de charité pure, et qu'alors l'amour d'amitié, qui est le parfait amour, satisfait excellemment au précepte, parce qu'il contient éminemment en lui l'acte de l'amour intéressé et de l'espérance que la concupiscence rend imparfait. »

« J'avoue qu'après y avoir bien pensé, j'aurais de la peine à m'arrêter aux idées de saint Thomas et de l'école, quand je pense que l'espérance est mise par toute l'Eglise avec la foi et la charité au rang des vertus théologales, et que saint Paul nous assure que c'est par l'espérance que nous sommes sauvés : *Spe salvi facti sumus*. Je ne puis comprendre que l'espérance soit par son imperfection incompatible avec la pure charité. J'aimerais mieux changer la définition de l'espérance que saint Thomas n'a peut-être fondée que sur les idées philosophiques d'Aristote. Ne peut-on pas supposer qu'il y a deux espérances comme deux amours, et que l'espérance intéressée répondant à l'amour de concupiscence, l'espérance désintéressée répond à l'amour d'amitié. On pourrait même définir l'espérance désintéressée un désir des biens éternels en tant que difficile et douteux à acquérir, mais un désir excité par le seul bon plaisir de Dieu et pour sa pure gloire. Un tel acte d'espérance serait distingué de l'acte de charité par la circonstance de la difficulté qui rend le bien douteux. D'un autre côté, cet acte serait distingué d'un acte d'espérance intéressée par le motif de la pure gloire de Dieu et de son bon plaisir sans mélange d'intérêt propre. Par là, on peut concilier, ce me semble, la charité pure avec l'espérance. Je puis attendre et désirer le royaume de Dieu, c'est-à-dire l'espérer, avec autant de désintéressement pour moi que pour un autre. Je le désire en moi, mais non pas pour moi. Je le désire pour le règne de celui qui doit régner en moi, je le désire pour sa pure gloire et pour l'accomplissement de son bon plaisir qu'il m'a révélé. Il n'est pas question de disputer des mots, et je laisse volontiers l'école décider sur les termes. Mais enfin ce désir est ou une espérance formelle ou quelque chose de plus parfait qui la renferme éminemment, et qui satisfait encore plus parfaitement au précepte que l'espérance intéressée. »

« Voilà ce que je veux qu'on trouve distinctement et d'une manière très explicite dans les âmes de la plus éminente oraison, et c'est ce qui doit contenter les théologiens les plus rigoureux. »

***

Ce passage achève de nous donner la clef du curieux emploi que fait Fénelon des mots *naturel* et *surnaturel*.

Ses deux théories de la corruption de la « nature » et la vision en Dieu se sont unies pour l'amener à changer le sens de ces mots.

Dans l'acception ordinaire, l'objet des deux ordres, naturel et surnaturel, est le même : c'est Dieu et l'homme. Mais on les envisage à des points de vue différents.

L'homme de l'ordre naturel n'a que ses forces normales, l'homme surnaturel reçoit de Dieu des énergies spéciales, pour parfaire sa nature.

Pour Fénelon, il y a deux plans, le plan de l'homme et le plan de Dieu. Ainsi ces deux plans sont distingués non par la manière dont Dieu nous traite, mais par les êtres mêmes que nous avons en vue dans nos actions.

Fénelon regarde comme de l'*ordre naturel* tout ce qui est dans le plan de l'homme, tout ce qui dans nos préoccupations s'adresse à l'homme, et comme de l'*ordre surnaturel* tout ce qui est dans le plan de Dieu, tout ce qui dans nos préoccupations se termine à Dieu (1).

C'est assez la manière de voir de beaucoup de laïques modernes.

En outre, il serait porté à condamner comme mauvais tout le premier plan, le plan de l'homme, le plan de « la nature », corrompue par la faute originelle ; à dire que « tout ce qui ne vient pas du principe de la charité, vient de la cupidité » (2), et que cette cupidité ou amour de nous-mêmes, est l' « unique racine de tous les vices » (3). Ses adversaires lui prêtent même l'opinion que toutes les actions qui ne sont pas

---

(1) Outre les passages précédemment cités, voir *Première Lettre de Mgr l'Archevêque de Cambrai, en réponse à celle de Mgr l'évêque de Meaux Œuvres* t. II, p. 626-627.
(2) *Maximes des Saints*, p. 7, 8.
Voir aussi : *Instruction de M. de Paris sur la vie intérieure*, n. 37, dans les *Œuvres de Fénelon*, t. II, p. 445.
(3) *Maximes des Saints*, p. 8.

rapportées à la charité sont « des péchés mortels » (1).

Du moins cet intérêt qu'on porte au *vieil homme*, à l'homme corrompu, est-il un sentiment toujours un peu méprisable : « La charité ne transforme point cet amour en elle... Cet amour fait que certains justes sont encore un peu mercenaires, comme parlent les Pères, ou propriétaires, comme parlent les auteurs de la vie spirituelle, depuis saint Bernard (2) ». Comme le disait fort bien Godet des Marais, il fallait « cesser d'être homme pour être parfait (3) ».

En dépréciant ainsi le plan de la nature, Fénelon répète des expressions qui sont courantes dans les auteurs de spiritualité au XVIIe siècle : la nature crie, la nature se révolte, mais la grâce dompte la nature, elle la détruit. Souvent, dans ces expressions de l'époque, la *nature*, semble-t-il, est non seulement *distincte* de la grâce ou surnature : elle lui est *opposée ;* la nature, ce ne sont pas seulement toutes les préoccupations mesquines, étroites, qui sont en nous, c'est encore un fond de corruption irréductible à l'ordre surnaturel.

Fénelon prend ces expressions, et, si je puis ainsi parler, il en épuise le sens. A la manière des jansénistes, il n'estime pas que les préoccupations qui abou-

---

(1) *Instruction de M. de Paris sur la vie intérieure*, n. 37 ; Œuvres de Fénelon, t. II, p. 537.
Réponse à l'écrit intitulé: Quæstiuncula ; Œuvres de Fénelon, t. III, p. 239.
(2) *Réponse de M. de Cambrai aux quatre questions de M. de Meaux.* Œuvres, t. II, p. 278.
(3) *Lettre pastorale de M. l'Evêque de Chartres,* n. XX. Œuvres de Fénelon, t. III, p. 113.

tissent à l'homme puissent être ordonnées vers des fins plus hautes, qu'elles puissent entrer dans le plan de Dieu.

Mais, pour ne pas heurter l'enseignement de l'Eglise, il était obligé de dire que le plan de l'homme n'est pas complètement mauvais (1).

Bientôt, il répéta donc souvent que ce plan pouvait être simplement naturel et imparfait « sans être un péché ou une cupidité vicieuse » (2) : si cette cupidité ou amour de nous-mêmes adhérait à l'homme au point de nier les droits de Dieu, elle serait fautive ; mais dans l'*intérêt propre* qu'éprouvent les imparfaits, elle est soumise à l'ordre, et c'est pourquoi il l'appelle une *cupidité soumise* (3). Tout son système, dit-il, repose sur l'existence de ce plan naturel, de cet « amour naturel et délibéré de nous-mêmes », qui se place « entre la cupidité vicieuse et la charité » (4).

Toutefois si le plan de l'homme n'est pas nécessairement mauvais, Fénelon s'est toujours défendu d'y avoir mis le surnaturel (5) : les affections qui ont ce plan pour

---

(1) Voir XVIe Proposition de Jean Huss condamnée par le concile de Constance et Martin V ; *Conc. Trid.*, sess. VI, can. 7 ; XXXVe Prop. de Baius condamnée par Pie V et Grégoire XIII, etc. Denzinger-Bannwart, *Enchiridion*, n. 647, 817, 1035, etc.
(2) Voir par ex. : *Seconde réponse aux observations de M. l'Evêque de Chartres* ; *Œuvres*, t. II, p. 260, et suiv.
Instruction pastorale, n. IX ; *Œuvres*, t. II, p. 292.
Troisième lettre à M. l'Archevêque de Paris, n. VI ; *Œuvres*, . II, p. 501.
(3) *Vingt questions proposées à M. de Meaux par M. de Cambrai* ; *Œuvres*, t. II, p. 275.
(4) *Réponse de M. de Cambrai aux quatre questions de M. de Meaux* ; *Œuvres*, t. II, p. 278.
(5) *Instruction pastorale*, n. III, *Œuvres*, t. II, p. 289 ;
Réponse à la déclaration, n. XI, *Œuvres*, t. II, p. 333 ;

objet ne peuvent s'élever au-dessus de l'ordre de la nature.

C'est là une restriction illogique, qui achève de nous montrer que primitivement Fénelon n'avait pas conçu ce plan de la nature comme bon. Car s'il est bon, pourquoi la grâce ne peut-elle pas informer les *actes humains* qui s'y opèrent, et les surnaturaliser ?

L'âme peut être attirée soit vers le plan de l'homme, soit vers le plan de Dieu, soit, à des degrés divers, vers les deux à fois. De là plusieurs *états* : ils seront différenciés par le plus ou moins de préoccupations humaines ou divines que chacun d'eux renfermera. Ce sont les cinq états différents d'amour de Dieu décrits au début de l'*Explication des Maximes des Saints* : état d'amour purement servile, d'amour de pure concupiscence, d'amour d'espérance, d'amour intéressé ou de charité mélangée, de pur amour ou de parfaite charité (1).

Ainsi, en gardant encore quelque chose du plan de l'homme, l'on pourra s'élever jusqu'au surnaturel : ce sera le troisième et le quatrième état. Dans le quatrième

---

Première lettre à M. l'évêque de Meaux, n. I, 3ᵉ et 7ᵉ objections. *Œuvres*, t. II, p. 565, 560, 565 et suiv.

Seconde lettre. Œuvres, t. II, p. 568 et suiv. Voir aussi Bossuet, *Préface sur l'Instruction pastorale*, section III, n. XI. *Œuvres*, t. XIX, p. 187 ; [Gosselin] *Histoire littéraire de Fénelon. Œuvres de Fénelon*, t. I. p. 206, n. 79.

(1) *Maxime des Saints*, p. 1 et suiv. ; [Gosselin], *Histoire littéraire de Fénelon* ; *Œuvres*, t. I, p. 201, n. 75. Sur cette interprétation, voir FÉNELON, *Réponse aux difficultés de M. l'Archevêque de Paris*, *Œuvres*, t. II, p. 280 ; *Instruction pastorale*, n. VII, LXXII, LXXIII ; *Œuvres*, t. II, p. 291, 326-327 ; *Réponse à la déclaration*, n. XI ; *Œuvres*, t. II, p. 333 ; *Première lettre... à M. l'Evêque de Meaux*, n. I, troisième et septième objections ; *Œuvres*, t. II, p. 555, 560, 565 et suiv. ; *Seconde lettre* ; *Œuvres*, t. II, p. 568 et suiv.

état, « l'amour de nous-mêmes, qui fait l'intérêt propre, se trouve souvent, non dans les actes surnaturels, mais dans l'âme qui fait ces actes (1). »

C'est donc là un surnaturel terni par la nature, un surnaturel inférieur, plébéien, ou du moins entaché de mésalliance, et que ne pouvait guère apprécier le législateur de Salente.

Le seul plan vraiment digne de l'âme, c'est le plan de Dieu.

Dans ce plan, Fénelon met d'abord l'espérance, mais une espérance élevée (celle dont il parle dans le passage inédit que l'on vient de lire), une espérance désintéressée, où nous n'espérons plus notre salut que pour nous conformer à la volonté de Dieu. Ce n'est plus qu'indirectement que nous y pensons à nous.

En ce sens, « la béatitude est le plus grand de tous nos intérêts » (2). « L'objet est mon intérêt, mais le motif n'est point intéressé (3). »

Dans ce plan divin, « on ne se désire pas le bien *autrement* qu'on le désire au prochain » ; « on ne se désire aucun bien que par la charité, comme au prochain (4). »

A la crainte des châtiments et au désir des récompenses se terminant à l'homme, Fénelon oppose cons-

---

(1) *Instruction pastorale*, n. LXXIII ; Œuvres, t. II, p. 326.
(2) *Instruction pastorale*, n. III. Œuvres, t. II, p. 289. Voir aussi *Maximes des Saints*, p. 46.
(3) *Maximes des Saints*, p. 45.
(4) *Réponse de M. de Cambrai aux quatre questions de M. de Meaux*, Œuvres, t. II, p. 277.

tamment cette crainte et ce désir selon les desseins de Dieu.

Ce plan comprendra surtout l'amour pur.

Comme le dit Fénelon, cet amour « est une charité pure, et sans aucun mélange du motif de *l'intérêt propre* » (1). « S'aimer par charité, c'est s'aimer pour l'amour de Dieu et du même amour dont on l'aime, en sorte que l'amour de Dieu soit la cause de l'amour dont nous nous aimons nous-mêmes, *et que nous n'aimions délibérément ni nous, ni le prochain que comme appartenant à Dieu* » (2).

Ces deux plans font très bien comprendre les expressions de Fénelon sur le sacrifice de son salut.

L'on peut en arriver, dit-il, au sacrifice absolu de son salut ; ce sacrifice tombe alors « sur le seul intérêt propre pour l'éternité », c'est-à-dire « sur le contentement de cet *amour naturel*, dans lequel consiste *la propriété* des âmes qui sont encore mercenaires (3). » Voilà le plan de la nature ou plan de l'homme. Mais l'on ne peut jamais sacrifier que conditionnellement « la béatitude éternelle », même « en tant qu'elle n'est qu'un bien créé » (4). Le sacrifice absolu « ne tombe point sur le salut, qui est le *bonum mihi* (le bien pour moi), mais sur l'affection naturelle et mercenaire qui fait

---

(1) *Maximes des Saints*, p. 10.
(2) *Réponse de M. de Cambrai aux quatre questions de M. de Meaux* ; Œuvres, t. II, p. 277.
(3) *Instruction pastorale*, n. IX ; Œuvres, t. II, p. 292-293.
(4) *Instruction pastorale*, n. IX, 3°, 4° ; Œuvres, t. II, p. 292.

l'intérêt propre... Le sacrifice ne regarde que la joie et le plaisir que l'amour mercenaire cherche dans l'attente d'un bien éternel (1). »

Voilà le plan des réalités divines, où nous pouvons, où nous devons nous aimer sans réticence, parce que c'est en Dieu que nous nous voyons et que nous nous aimons.

Quand l'âme est montée dans ce plan divin, quand elle est complètement régénérée, il n'y a plus place pour l'espérance intéressée, ni pour l'amour intéressé.

Cette espérance et cet amour, ce sont des sentiments du vieil homme, ce sont des désirs de satisfaire notre nature.

Le renoncement absolu, c'est le dernier terme de la désappropriation (2).

Ainsi ontologisme, théorie de la corruption de la nature déchue amènent Fénelon à la même conclusion : on n'aimera « que Dieu dans l'homme », on n'aimera l'homme « qu'en Dieu et pour Dieu » (3).

On n'aimera « que Dieu dans l'homme », car c'est seulement en Dieu que l'homme est pur : la réalité terrestre de ce prototype est corrompue. On n'aimera l'homme « qu'en Dieu et pour Dieu », car c'est d'abord

---

(1) *Réponse aux difficultés de M. l'Archevêque de Paris* ; *Œuvres* t. II. p. 280.
(2) Voir les propositions condamnées par Innocent XII ; surtout les I, II, IV-VII, X-XII ; XVIII-XX — On les trouve dans *l'Histoire de Fénelon* par BAUSSET, avec les références aux *Maximes des Saints* (Pièces justificatives du livre troisième).
(3) *Seconde lettre à l'évêque de Chartres*, n. II; *Œuvres*, t. III, p. 148.

en Dieu qu'on a vu l'homme et il faut travailler à refaire cette vision.

C'est par le quiétisme que l'homme retourne à la simplicité première, à cette simplicité qui eût été toute facile dans l'état d'innocence, et à laquelle il faut revenir, en nous débarrassant de la corruption de la nature déchue ; à cette simplicité qui est partout dans les préoccupations de Fénelon : elle y est non comme une disposition spontanée d'où l'on part, mais comme un heureux état où l'on parvient avec effort.

Le quiétisme est la quintessence, la synthèse de toutes les idées de Fénelon : aussi, pour cette théorie il a sacrifié sa vie.

⁂

Pourquoi, en fait, y a-t-il si peu d'hommes qui songent à ces vérités, et peut-être moins encore qui en tirent les conséquences logiques, à savoir que nous devrions constamment attendre que Dieu agisse en nous et constamment vivre dans la contemplation de Dieu ? Ici encore Malebranche et les quiétistes s'entendent : le péché originel, disent-ils, est passé par là : il a obscurci notre intelligence et faussé notre volonté.

La passivité sous l'action de Dieu est conforme à notre nature.

Sans doute, c'était par la puissance que le vieil homme, Adam, devait s'élever vers Dieu ; mais cette puissance était tout empruntée ; elle n'était, comme elle l'est encore aujourd'hui, qu'un effluve constant de l'activité de Dieu.

Or, dans l'état de justice originelle, l'homme le sentait. En désobéissant, il a méconnu cette vérité ; il a voulu se faire Dieu. Dès lors, il a été porté, non seulement à ne plus diriger vers Dieu l'activité par laquelle Dieu opérait en lui (1), mais encore à s'attribuer cette activité elle-même, à s'en croire la cause ; il n'a plus voulu se tenir passif sous l'action de Dieu.

De même aussi, après la chute, l'intelligence de l'homme a cessé de se rendre facilement compte qu'elle voyait tout en Dieu ; elle a cessé de se tourner spontanément vers Dieu. Elle s'est tournée vers le corps ; c'est au corps qu'elle a mieux aimé demander des notions : elle s'est rabaissée vers les broussailles du sensible. Désormais, il lui faut donc faire effort pour remonter à cet état de contemplation de Dieu qui est pourtant sa condition normale.

Malebranche revient souvent sur cette considération. Il écrit dans la *Recherche de la Vérité* : « Quoique cette image [de Dieu en nous] soit beaucoup effacée par le péché, cependant il est nécessaire qu'elle subsiste autant que nous » (2).

« Depuis le péché du premier homme, dit-il dans son XVe Eclaircissement, l'esprit se répand incessamment au

---

(1) Voir, ci-dessus, p. 88.
(2) *De la Recherche de la Vérité*, livre III, partie II, chap. VI, édition Genoude et Lourdoueix, 1837, t. I, p. 111.

dehors, il s'oublie soi-même, et celui qui l'éclaire et qui le pénètre, et il se laisse tellement séduire par son corps et par ceux qui l'environnent qu'il s'imagine trouver en eux sa perfection et son bonheur. Dieu, qui seul est capable d'agir en nous, se cache maintenant à nos yeux (1) ».

Dans son opuscule, Molinos ne distingue pas expressément ce qui dans l'état d'innocence pouvait appartenir à l'ordre naturel ou à l'ordre surnaturel. Mais souvent, du moins, il fait clairement entendre que cet état de sainte indifférence et de contemplation qu'il enseigne, c'est l'état premier de notre création. Il y a deux voies pour aller à Dieu, aime-t-il à répéter : la première est la voie extérieure, voie de ceux « qui cherchent Dieu au dehors avec le secours du raisonnement, de l'imagination, et des considérations » (2) : c'est « la voie scolastique » (3); la seconde est la voie intérieure, voie de ceux qui « marchent toujours avec un esprit élevé, en la présence du Seigneur, par le moyen de la foi pure, sans image, forme ou figure » (4) ; c'est la « voie mystique » (5), où l'on arrive par l'anéantissement (6) ; c'est la voie de « la sainte et céleste

---

(1) *De la Recherche de la Vérité*, XV° Eclaircissement: *Touchant l'efficace attribuée aux causes secondes* (Edition citée, t. I, p. 347).
Voir aussi les *Entretiens sur la Métaphysique*, I, IV, VI (Edition citée, t. II, p. 4, 25, 38).
(2) *Guide*, III, n. 1.
(3) *Guide*, III, n. 174.
(4) *Guide*, III, n. 2.
(5) *Guide*, III n. 174.
(6) *Guide*, III n. 198, et passim.

indifférence » (1), la voie de la contemplation parfaite, celle « par où l'on arrive à la réformation de l'esprit (2) », par où « l'on retourne à l'heureux état d'innocence, que nos premiers parents ont perdu » (3).

Ainsi par l'anéantissement, l'âme se dépouille des suites du péché originel, et par la contemplation, elle retrouve sa vraie nature, qui est de s'unir directement à Dieu.

Comme Molinos, Mme Guyon parle de l'obscurcissement que la faute originelle a amené dans notre mode de connaître Dieu. Souvent, elle explique que l'état de contemplation doit naître du renoncement complet à notre nature corrompue. Nous avons en nous un « instinct de réunion » à Dieu. Mais tous nos actes ne tendent pas directement vers Dieu. Pourquoi ? Parce que « la nature corrompue inspire un penchant contraire à celui de la grâce. » Ce n'est pas là notre nature vraie. Cette nature vraie, c'est de voir Dieu, de tendre vers lui spontanément. Il faut donc laisser de côté tout ce qui empêche ou retarde la reconstruction de cette nature, de ces facultés et de ces opérations, c'est-à-dire, tous les actes sensibles et même de raisonnement (4).

Poiret, l'admirateur de Mme Guyon, parle de même

---

(1) *Guide*, III, n. 207.
(2) *Guide*, III, n. 194.
(3) *Guide*, III, n. 202.
(4) Voir, ci-dessus, p. 55, et *Traité du Purgatoire*, dans *Œuvres*, t. XXIV, p. 291-292, d'où sont tirées les deux citations de cet alinéa.

dans les longues préfaces qu'il a mises à ses œuvres :
« Si on tâchait, dit-il, d'entrer dans l'expérience et dans la pratique de cette divine oraison..., on ne trouverait plus étrange qu'on parle de *contempler la pure Divinité* (quand l'attrait y est), à part de ses attributs, puisque même les gens d'école, lorsque dans leurs spéculations ils se font un concept formel de l'essence divine, en excluent celui des attributs ; qu'ils enseignent que le concept de cette divine essence et de son unité *est le premier concept de tout et avant tous les autres* (1). »

Mais « les hommes, *depuis le péché,* sont devenus tout extérieurs, et étant tombés sur le sensible et sur le visible, ils ont oublié le spirituel (2). »

Enfin, Fénelon, lui aussi, trouve dans la chute originelle la raison pour laquelle l'état d'amour pur n'est le partage que d'un petit nombre d'âmes privilégiées.

« O misère ! ô nuit affreuse qui enveloppe les enfants d'Adam ! O monstrueuse stupidité ! O renversement de tant d'hommes ! L'homme n'a des yeux que pour voir des ombres, et la vérité lui paraît un fantôme (3). »

Depuis ce péché, « nos âmes sont condamnées à des prisons terrestres qui obscurcissent notre esprit et appesantissent notre cœur (4) ».

Avant cette chute, l'homme voyant la vérité sans

---

(1) Préface au t. XXIII, p. xvii-xviii.
(2) Préface au t. XXXII, p. 2.
(3) *De l'existence de Dieu,* Ire partie, ch. III, n. 92. Œuvres, t. I, p. 45.
(4) *Entretien de Fénelon et de M. de Ramsai.* Œuvres, t. I, p. 122.

obstacle se portait spontanément vers elle. Mais, depuis lors, notre nature est faussée : nous nous répandons dans les objets extérieurs : désormais, pour persuader la vérité, il faut donc non seulement prouver, mais encore peindre et toucher. C'est là l'idée fondamentale du *second dialogue sur l'éloquence* (1) : « Si on n'a ce génie de peindre, jamais on n'imprime les choses dans l'âme de l'auditeur ; tout est sec, languissant et ennuyeux. *Depuis le péché originel,* l'homme est tout enfoncé dans les choses sensibles ; c'est là son grand mal ; il ne peut être longtemps attentif à ce qui est abstrait. Il faut donner du corps à toutes les instructions qu'on veut insinuer dans son esprit ; il faut des images qui l'arrêtent : de là vient que sitôt après la chute du genre humain, la poésie et l'idolâtrie, toujours jointes ensemble, firent toute la religion des anciens (2). »

---

(1) *Dialogues sur l'éloquence. Second dialogue ;* édition Despois, 179. *Œuvres,* t. VI, p. 582. Nous nous permettons d'attirer particulièrement l'attention du lecteur sur ce passage : il nous montre qu'entre les idées de Fénelon, dans des domaines fort différents, il y a une connexion que l'on n'est pas assez habitué à y chercher.

(2) Enfin il est remarquable que psychologie scolastique et théorie mystique du moyen âge, d'un côté, ontologisme et quiétisme, de l'autre, ont reçu de l'Eglise des accueils similaires. La philosophia entière de saint Thomas d'Aquin et par conséquent sa psychologie, qui en est l'une des parties les plus caractéristiques, ont souvent reçu dans l'Eglise, notamment de Léon XIII et de Pie X, des éloges analogues à ceux qu'on y a donnés aux ouvrages de saint Bernard de saint Jean de la Croix et de sainte Térèse. En sens contraire, de même que la théorie quiétiste de l'acte continuel de contemplation, la théorie philosophique de l'ontologisme a été réprouvée par Rome (18 septembre 1861). Denzinger-Bannwart, *Enchiridion,* n. 1659-1665 Il est même curieux de rapprocher de quelques-unes des propositions condamnées dans Molinos et dans Fénelon, certaines des propositions improuvées dans les ontologistes. Comparer Prop. 22°, 25°, 63°, de Molinos, 15°, 16° de Fénelon, et Prop. 1™, 4°, 5° des ontologistes.

⁂

Ainsi au moyen âge et au xviie siècle, les conceptions mystiques et les conceptions philosophiques se correspondent.

Mais de ces théories, lesquelles ont commencé ? A chacune des deux époques, laquelle a eu de l'influence sur l'autre ?

Peut-être n'y eut-il que marche parallèle, avec une certaine compénétration réciproque ? Toutefois, dans les deux cas, je serais assez porté à croire à l'influence des théories théologiques et mystiques sur les théories philosophiques.

Au moyen âge, les principaux philosophes étaient des moines, dont plusieurs étaient fort pieux : ils avaient donc connaissance des expériences des mystiques, et des explications qu'ils en donnaient; souvent même, ils pouvaient raisonner sur leurs propres expériences. Dès lors, il n'y aurait pas à s'étonner de ce que ces expériences et ces explications eussent été l'un des facteurs sur lesquels ils auraient établi leur théorie de la nature de l'homme et de l'origine de nos connaissances.

Au xviie siècle, je crois aussi que c'est le quiétisme qui a commencé. La théorie de la contemplation continue est déjà assez clairement énoncée dans Benoît de Canfield et surtout dans Falconi.

Benoît de Canfield écrit dans sa *Règle de perfection* (1609) :

Cette lumière [qui éclaire dans l'annihilation active], est une pure, simple, nue, et habituelle foi, aidée par la raison, ratifiée et confirmée par expérience, qui n'est sujette aux sens, ni n'a aucune société, ni commerce avec eux, puisque même elle leur est contraire ; et a sa résidence *in apice animæ*, dans le sommet de l'âme, où elle contemple Dieu sans aucun moyen ou entre-deux.

Premièrement je dis qu'elle est *pure* pour exclure l'aide des sens, tellement qu'en vain l'on cherche leur appui, ou leur assurance, puisqu'il les faut totalement abandonner... Et non seulement il faut totalement renoncer aux sens, mais aussi les anéantir entièrement, parce que les sens sont faux et mensongers, nous persuadant que les choses sont ; mais au contraire cette foi est vraie et les anéantit...

Secondement, je l'appelle *simple*, pour exclure toute multiplicité de ratiocination, comme étant fort contraire à cette pureté de foi : premièrement, parce qu'elle la rend humaine, mais elle doit être divine ; secondement, parce qu'elle fait produire des actes, et par conséquent cause l'être et non l'annihilation ; troisièmement, elle cause des entre-deux et des images entre Dieu et l'âme.

Troisièmement, je dis *habituelle*, où il y a un grand sujet de bien remarquer qu'elle doit être continuelle, sans intermission ou relâche, pour voir ainsi sans interruption cet abîme de Rien et de Tout (1).

---

(1) *Reigle de perfection, composée par Benoît, Anglais de Canfeld en Essex, prédicateur capucin*, à Paris, 1609, in-16. Dans le titre de cette première édition, l'on dit que l'ouvrage est divisé en trois parties. Toutefois, l'exemplaire de la *Bibl. nat.* de Paris n'en contient que deux.

Cette bibliothèque possède huit autres éditions françaises du même ouvrage, et l'édition latine de 1610. Le passage cité ici se trouve dans la III° partie, ch. xii, (et non xiii comme il est dit dans les *Œuvres* de M°° Guyon, xxv, 301-305). Je cite d'après l'édition de 1682 :

Dans sa *Lettre à une fille spirituelle* (1628) (1), Falconi est encore plus explicite :

Je voudrais, écrit-il, que tous vos jours, tous vos mois, toutes vos années et votre vie tout entière fût employée dans un Acte continuel de contemplation avec une Foi la plus simple et un Amour le plus pur qu'il serait possible.

C'est la première fois, si je ne me trompe, que l'on parle d'une manière aussi explicite d'un acte continuel de contemplation : Falconi semble avoir été le véritable fondateur du quiétisme.

Règle de perfection..., à Paris, chez Pierre de Bats, in-24 p. 336-338. Mais entre les diverses éditions, il n'y a pas de divergences appréciables. La *Règle de perfection* a été mise à l'Index, le 26 avril 1639.
(1) Cette lettre est insérée en entier dans les *Œuvres* de M⁻ᵉ Guyon, t. XXIII, p. 79-93. Le passage cité ici se trouve à la p. 89. Cette lettre a été, elle-aussi, condamnée à Rome, le 1ᵉʳ avril 1688.

CONCLUSION

Par sa tendance à supprimer l'homme et l'activité humaine, le quiétisme du xviie siècle est aussi ancien que l'humanité : par là, il ressemble au pessimisme indien, au laisser-aller des Frères du Libre-Esprit, même au collectivisme et à l'antimilitarisme modernes.

Par sa théorie d'un état continuel de contemplation, il touche à la méditation des bouddhistes et des néoplatoniciens.

Mais c'est par des principes différents que ces divers quiétismes ont essayé de légitimer leur docilité à obéir à ces tendances fâcheuses.

Par son inaction, l'Indien et plus encore le bouddhiste veulent éviter le mal de vivre, et surtout le mal de revivre par la métempsycose, par l'accablant Samsâra. Cette solution qui sembla d'abord si heureuse à l'Indien pour expliquer les maux dont nous souffrons ici-bas, cet axiome pour lui intangible a fini par devenir son tourment : toujours renaître et renaître encore, quel cauchemar ! Pour éviter ces renaissances ou du moins en abréger le nombre, l'Indien rongera donc son activité : il la détruira à petit feu, il l'annihilera lentement pour qu'enfin sa vie s'éteigne pour jamais, et qu'il entre dans les profondeurs du Nirwâna.

Par leur contemplation et autres pratiques, le panthéiste alexandrin, le frère du Libre-Esprit, qui est son descendant, veulent s'élever au-dessus de la matière et des actes de la vie ordinaire. Cette matière, ces actes, ce sont les émanations les plus grossières de l'Etre universel. Ils veulent s'élever vers la partie la plus éthérée du Grand Tout, et s'abîmer en elle.

Le quiétisme du XVIIe siècle a d'autres origines. Il vient de deux idées : l'idée de la corruption intégrale de la nature déchue ; l'idée d'une communication directe et permanente de l'âme avec Dieu.

Ce quiétisme est un luthéranisme et un ontologisme mystiques.

TABLE DES MATIÈRES

Pages.

Préface... 5

Chapitre Premier

Aperçu de la doctrine quiétiste. Molinos, Mme Guyon, Fénelon. — Causes de l'éclosion et du succès du quiétisme au xviie siècle....................... 9

Chapitre II

Principe fondamental du quiétisme : la corruption intégrale de la nature déchue.................. 33

Chapitre III

Second principe du quiétisme : La simplification de la vie de l'âme. L'ontologisme................. 75

Conclusion.. 121

> *Nouvelle Collection :*
> # Bibliothèque de l'Enseignement Scripturaire
> *Volumes grand in-16 à prix divers : 2 à 4 francs*

BATIFFOL (Pierre). — **L'Enseignement de Jésus,** d'après les Évangiles synoptiques. 1 vol. 7e édition . 3 fr. 50

I. La méthode d'enseignement de Jésus. — II. L'enseignement de Jésus et la loi juive. — III. La paternité de Dieu. — IV. La religion de l'homme nouveau. — V. Le royaume de Dieu. — VI. Jésus lui-même. — VII. L'avenir.

ROSE (Vincent), professeur à l'Université de Fribourg. — **Evangile selon saint Matthieu,** traduction et commentaire (cartes et plans). 1 vol. 8e édition. . . . 2 fr. 50

DU MÊME AUTEUR. — **Evangile selon saint Marc,** traduction et commentaire (cartes et plans). 1 vol. 7e édition. 2 fr. 50

DU MÊME AUTEUR. — **Evangile selon saint Luc,** traduction et commentaire (cartes et plans). 1 vol. 7e édition. 2 fr. 50

DU MÊME AUTEUR. — **Actes des Apôtres,** traduction et commentaire. 1 vol. 5e édition. . . . . 3 fr. 50

TOUZARD (J.), professeur à l'Institut catholique de Paris. — **Le Livre d'Amos.** 1 vol. . . . . 3 fr. »

CALMES (Th.), professeur d'Ecriture sainte. — **Epîtres catholiques.** — **Apocalypse.** Traduction et commentaire. 1 vol. 3e édition. . . . . 3 fr. »

LEMONNYER (A.), professeur d'Ecriture sainte. — **Épîtres de saint Paul.** Traduction et commentaire.

1re PARTIE. — *Lettres aux Thessaloniciens, aux Galates, aux Corinthiens et aux Romains.* 1 vol. in-16. 5e édition. 3 fr. 50

2e PARTIE. — *Lettres aux Philippiens, à Philémon, aux Colossiens, aux Éphésiens. — Lettres à Timothée et à Tite. — Epître aux Hébreux.* 5e édition. 1 vol. in-16. . . . . 3 fr. »

Demander le Catalogue

Sciences Ecclésiastiques

BARDENHEWER (O.), professeur à l'Université de Munich. — **Les Pères de l'Église, leur Vie et leurs Œuvres.** Traduction française par P. GODET et C. VERSCHAFFEL. — 3 vol. in-8°. Nouvelle édition refondue d'après la nouvelle édition allemande . . . . **12 fr.**

LABAUCHE (L.), professeur à l'École de Théologie catholique de Paris. — **Leçons de Théologie dogmatique. Dogmatique spéciale.** — *L'Homme considéré dans l'état de justice originelle.* — *Dans l'état de péché originel, dans l'état de grâce.* — *Dans l'état de gloire ou dans l'état de damnation.* 1 vol. in-8° . . . . **5 fr.**

MOURRET (Fernand), professeur d'histoire au Séminaire Saint-Sulpice. — **Histoire générale de l'Église.** — L'ouvrage comprendra 8 vol. in-8. Chaque volume, du prix de **7 fr. 50** (reliure **1 fr. 50**), forme un tout complet et se vend séparément.

L'ouvrage en cours de publication comprendra 8 volumes :
Tome Ier. — *Les Origines chrétiennes*, du Ier au IVe siècle.
Tome II. — *Les Pères de l'Eglise*, IVe et Ve siècles.
Tome III. — *L'Eglise et le Monde barbare*, du Ve au Xe siècle. *(Paru.)*
Tome IV. — *La Chrétienté*, du Xe au XIVe siècle.
Tome V. — *La Renaissance et la Réforme*, du XIVe au XVIe siècle. *(Paru.)*
Tome VI. — *L'ancien Régime*, XVIIe et XVIIIe siècles.
Tome VII. — *L'Eglise contemporaine.* Ire partie : la Révolution et l'Empire, 1789-1815.
Tome VIII. — *L'Eglise contemporaine.* 2e partie : 1815-1909.

Vient de paraître :
L'Église et le Monde barbare. 1 vol. de 500 pages in-8 raisin. Prix : **7 fr. 50** (reliure : **1 fr. 50**).

La Renaissance et la Réforme. 1 vol. : **7 fr. 50** (reliure : **1 fr. 50**).

Demander le bulletin de souscription indiquant les avantages réservés aux souscripteurs.

Demander le Catalogue

Apologétique et Enseignement religieux

Docteur J. Ecker, professeur d'exégèse au grand séminaire de Trèves. — **PETITE BIBLE ILLUSTRÉE.** Edition française par un Religieux de la Compagnie de Jésus. Ouvrage honoré d'un Bref de Sa Sainteté Pie X, d'une lettre de S. G. Mgr Amette, archevêque de Paris, et de nombreuses approbations épiscopales. 1 vol. in-8° relié en toile souple . . . . **2 fr.**

Des mêmes Auteurs. — **PETITE BIBLE ILLUSTRÉE DE L'ENFANCE.** 1 vol. in-8°. . **0 fr. 50**

A. Moulard et F. Vincent, licenciés ès lettres. — **APOLOGÉTIQUE CHRÉTIENNE.** *Traité à l'usage des classes supérieures de l'enseignement secondaire, de l'enseignement supérieur des jeunes filles, des étudiants et des adultes cultivés.* Avec lettres de NN. SS. Rumeau, évêque d'Angers, Grellier, évêque de Laval, Gibier, évêque de Versailles. *Nouvelle édition, entièrement refondue.* 1 volume in-16 . . . . **3 fr. 50**

Abbé de la Paquerie. — **APOLOGIE POPULAIRE DE LA FOI CHRÉTIENNE.**

I. **Dieu et la Religion.** 1 vol. in-16 de 580 pages, **4 fr.**
II. **Jésus et l'Église.** 1 vol. in-16 de 480 pages, **4 fr.**

Chaque volume forme un tout complet et se vend séparément.

En préparation

HISTOIRE DE L'ÉGLISE, à l'usage de l'enseignement secondaire, par L. David et P. Lorette. 1 vol. in-16 de 300 pages.

Demander le Catalogue

Marc SANGNIER
Discours *(1891-1909).* 2 volumes in-8° écu de 520 pages............. **5 fr.** chaque.

Étienne **LAMY**, *de l'Académie Française.*
Au Service des Idées et des Lettres
Introduction par Michel SALOMON.
1 vol. in-16 .... **3 fr. 50**

Maurice **BARRÈS**, *de l'Académie Française.*
Vingt-cinq Années de Vie littéraire
Introduction par Henri BREMOND.
1 vol. in-16. 10ᵉ édition........... **3 fr. 50**

Paul DÉROULÈDE
Pages Françaises précédées d'un essai de Jérôme et Jean THARAUD. 1 vol. in-16. . **3 fr. 50**
Discours 1 vol. in-16 .... **3 fr. 50**

Amédée **GUIARD**, *Docteur ès lettres*
La Fonction du Poète. *Étude sur Victor Hugo.* 1 vol. in-16. .... **3 fr. 50**
DU MÊME AUTEUR.— **Virgile et Victor Hugo**
1 vol. in-8 .... **7 fr. 50**

A. **KOSZUL**, *Agrégé de l'Université, Docteur ès lettres*
La Jeunesse de Shelley 1 vol. in-16 de 450 pages............. **4 fr.**

C. **MARÉCHAL**, *Agrégé de l'Université*
Lamennais et Lamartine 1 vol. in-16.
Prix .... **3 fr. 50**
Le Véritable " Voyage en Orient " de Lamartine 1 vol. in-8°. . . **7 fr. 50**
Josselin 1 vol. in-8°......... **10 fr.** »

Demander le Catalogue

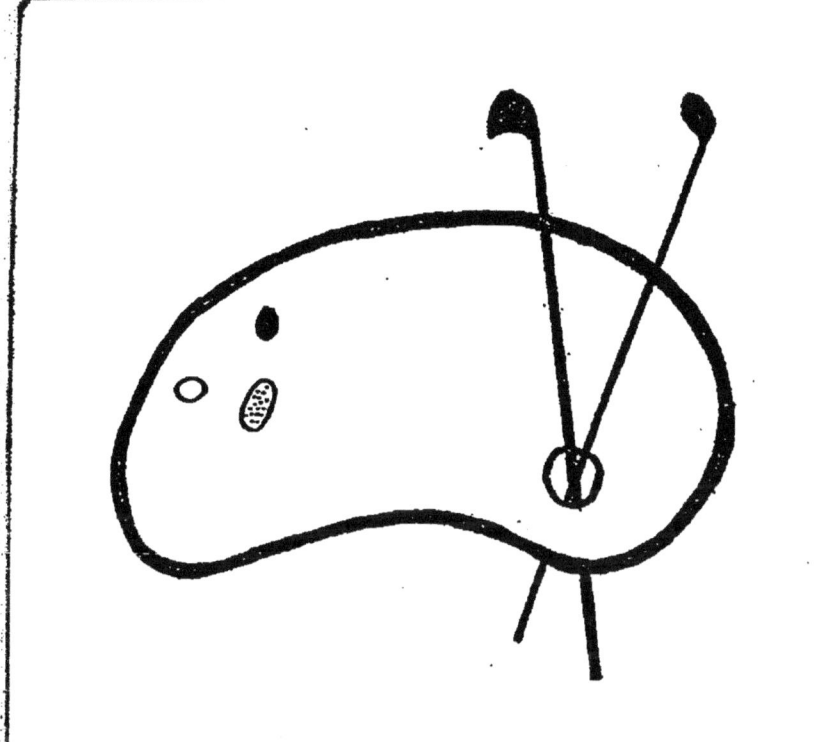

ORIGINAL EN COULEUR
NF Z 43-120-8

www.ingramcontent.com/pod-product-compliance
Lightning Source LLC
Chambersburg PA
CBHW060205100426
42744CB00007B/1172